爸爸陪你看世界

爸爸的陪伴，让孩子在阅读和旅行中与知识建立起情感，发展面对未来的能力

李道军 著

山东文艺出版社

图书在版编目（CIP）数据

爸爸陪你看世界/李道军著.—济南:山东文艺出版社,
2023.1
ISBN 978-7-5329-6711-7

Ⅰ.①爸… Ⅱ.①李… Ⅲ.①家庭教育 Ⅳ.①G78

中国版本图书馆 CIP 数据核字(2022)第 144913 号

爸爸陪你看世界
BABA PEINI KAN SHIJIE

李道军 著

主管单位	山东出版传媒股份有限公司
出版发行	山东文艺出版社
社　　址	山东省济南市英雄山路 189 号
邮　　编	250002
网　　址	www.sdwypress.com
读者服务	0531-82098776（总编室）
	0531-82098775（市场营销部）
电子邮箱	sdwy@sdpress.com.cn
印　　刷	肥城新华印刷有限公司
开　　本	710 毫米×1000 毫米　1/16
印　　张	15.5
字　　数	170 千
版　　次	2023 年 1 月第 1 版
印　　次	2023 年 1 月第 1 次印刷
书　　号	ISBN 978-7-5329-6711-7
定　　价	46.00 元

版权专有，侵权必究。如有图书质量问题，请与出版社联系调换。

目录

爸爸陪你看世界

前　言 /1

上篇　阅读的世界——成长路上书相伴

第一章　亲子共读重兴趣 /2

1　懵懂孩童时，播下一颗阅读的种子 /3
2　在无锡，爱上《三国》和《水浒》 /8
3　名家讲座启发阅读明史 /15
4　看"图说中国历史"，穿越历史时空 /19
5　值得信赖的专业阅读机构——约读书房 /22
6　五分钟掌握讲书秘籍 /24
7　"身陷"图书馆，打开阅读世界之门 /27
8　纸质阅读 VS 电子阅读 /29
9　奇妙的电子阅读 /32
10　阅读就是最好的学习 /36
11　精读博览，相辅相依 /40

第二章　家校共育飘书香 /44

1　勇往直前读书会——一群孩子创造的奇迹 /45
2　读书也"疯狂"——深夜观星的天文发烧友 /50

3　和你在一起——同辈群体的神奇力量　　　　　　　　　　/ 52

4　家长这样做——孩子阅读收获多　　　　　　　　　　　/ 55

5　家庭最美是书香——"书香家庭"受表彰　　　　　　　　/ 57

中篇　行路的世界——跟着书本去旅行

第一章　人在旅途不寂寞——家庭研学全攻略　　　/ 64

1　知行合一话研学　　　　　　　　　　　　　　　　　　/ 65

2　读万卷书也要行万里路　　　　　　　　　　　　　　　/ 69

3　重言传更重身教　　　　　　　　　　　　　　　　　　/ 72

4　研学路上的"秘密武器"　　　　　　　　　　　　　　/ 74

第二章　人文之旅——塑造健康向上的人生观　　　/ 77

1　生当作人杰，死亦为鬼雄——济南李清照故居　　　　　/ 78

2　穷则独善其身，达则兼济天下——邹城孟府孟庙　　　　/ 82

3　封侯非我意，但愿海波平——蓬莱戚继光故居　　　　　/ 87

4　三十功名尘与土，八千里路云和月——杭州岳飞庙　　　/ 90

5　欲把西湖比西子，淡妆浓抹总相宜——杭州西湖　　　　/ 94

6　求是创新，追求卓越——杭州浙江大学　　　　　　　　/ 97

7　生命有长短，命运有沉升——詹天佑与京张铁路　　　　/ 100

8　为往圣继绝学，为万世开太平——曾国藩与河北保定
直隶总督署　　　　　　　　　　　　　　　　　　　　/ 103

第三章　科技之旅——唤起探索求知的欲望　　　　/ 109

1　中国现代天文梦开始的地方——中国科学院紫金山

　　　　天文台旧址 / 110

　　2　科技强国——汽车之都长春 / 113

　　3　海上霸主，舍我其谁——滨海航母主题公园 / 115

第四章　文化古迹之旅——触摸中华五千年的文化瑰宝 / 117

　　1　三大始祖齐聚此，千古文明开涿鹿——张家口涿鹿

　　　　三祖圣地 / 118

　　2　东临碣石，以观沧海 / 121

　　3　两京锁钥无双地，万里长城第一关——秦皇岛山海关 / 123

　　4　一朝入西安，一日懂千年——西安 / 125

第五章　战争之旅——树立保家卫国的伟大理想 / 136

　　1　粉身碎骨浑不怕，要留清白在人间——土木堡事变遗址 / 137

　　2　解放战争的序幕从这里拉开——辽宁锦州辽沈战役纪念馆 / 141

　　3　一座宁远古城，半部明清战史——辽宁兴城宁远古城 / 144

第六章　孙子带爷爷看世界——锻造协作独立的品格 / 146

　　1　祖孙同入川，乐蜀而忘返 / 147

　　2　祖孙再出行，叹日月新天 / 151

第七章　壮美河山之旅——厚植浓浓家国情怀 / 157

　　1　茫茫草原，火树银花——河北张北中都草原 / 158

　　2　缤纷的画廊，流动的画卷——河北张北草原天路 / 160

　　3　退潮通一路，涨潮走千帆——锦州笔架山 / 162

　　4　绝顶人来少，高松鹤不群——丹顶鹤故乡扎龙自然

　　　　保护区 / 164

第八章　团聚之旅——体会不一样的"情" / 166

　　1　雪世界中，红红火火过大年——黑龙江铁力市 / 167

　　2　中国林都，天然氧吧——黑龙江伊春 / 169

　　3　蒙汉情深忆当年，纵马千里大草原——科右中旗 / 172

下篇　生活的世界——倾心陪伴共成长

第一章　处处留心皆学问——知识来源于生活 / 176

　　1　亲子沟通，书信有妙用 / 177

　　2　数学问题如何解，生活处处有启发 / 185

　　3　培养学科学习素养——孩子需求有效满足 / 191

　　4　父母好好学习，孩子天天向上 / 200

　　5　兴趣的力量 / 201

　　6　学会倾听，青春期没啥大不了 / 203

　　7　成长路上没有失败 / 206

第二章　意到笔随天然成——这些年我和孩子的创作 / 210

　　1　孩子慢慢走，爸爸也成长 / 211

　　2　这些事，激发孩子创作的兴趣 / 217

后记：回望来路，轻舟已过万重山 / 229

附：孩子的阅读书单 / 232

前　言

缘起：一句读书改变命运，激励了两代人

我出生在黑龙江省小兴安岭山麓的一个村庄，那里山清水秀。20世纪80年代改革开放初期，老百姓普遍不富裕，每天就是不停地劳作。那时候大多数家长没有时间管孩子，更别奢谈陪伴了，孩子都是靠自己的努力来完成学业的。当时，书籍也相当匮乏，不像现在，只要孩子提出来，家长都会第一时间满足。一听说孩子想看书，内心真是说不出的高兴和欣慰。在我上学那会儿，除了上学用的课本，很少有其他课外书籍可读。所以，小时候我没怎么看过课外书，对大千世界的认知少之又少。

对于读书少，我一直耿耿于怀，及至工作后，每当事情处置不妥时，这种感觉尤甚。直到儿子来到这个世界，情况有了改观，在陪伴孩子成长的这些年，我与孩子一起读书，一起成长，慢慢地弥补了这个缺憾。一本书就像一艘船，带领我们从狭隘的地方，驶向生活无限广阔的海洋。阅读改变生活，随着读书的增多，处理工作中的问题时，我也变得游刃有余，很少有束手无策的时候

了。读书，改变了我对世界的看法。

我从小学三年级开始写日记，一直坚持到初二，大大小小的本子记了几十本。当然，水平不见得有多高。记得我父亲看过我的日记后说是流水账，字写得也差。尽管没有华丽的辞藻、深刻的内涵，但是小时候经历的那些有趣的事都完整地记录了下来。现在想想，那时候还真挺能写的，虽想法简单，但乐在其中。

二十多年来，我辗转多地，这些日记好几次失而复得。如今每当翻阅起那些泛黄的日记本，儿时的记忆便涌上心头，内心满满的幸福和快乐。或许这次写书也与从小养成的写日记的习惯息息相关吧。这次写书，我仿佛又回到了童年写日记的时光，想写也有勇气动笔写，同时还有这么多人给予我鼓励和帮助，这些都助力我开启了写作的梦想。

已过不惑向天命迈进的我，有时候也会思考我真正想做的是什么。多年来的打拼，已把我打磨成一个适应社会的综合人，生活在当下的我们这一代，上有老人需要赡养，下有孩子需要培养，想要在城市立足还要买房买车。身上背负的这些担子，让我们不得不争分夺秒地苦干实干，一刻不敢松懈，时间一长，早已忘记了最初的梦想，在追逐财富的道路上越走越远……不得不承认，我们每个人都面临这样或那样的生存压力，无法逃避，但我想，做一些自己真正热爱的事，是绝大多数人心中不灭的火焰，正如作家梁实秋所言：心里的火永远不要灭，哪怕只能看到烟。

多年来忙事业之余，我最大的爱好就是读书，孩子感染着我，我陪着孩子一起读。不光读，我们还走，行路研学，走遍了祖国的千山万水。也正是这样的经历，让我慢慢实现了人生梦想的一次次跨越。

记得一部电影中有一句经典台词："皱纹终将刻在我们的额头，我们能够做到的就是不让皱纹刻在心中。"是啊！从孩子上小学到初中毕业，九年的岁月，似乎那么漫长，回想起来又如白驹过隙，一晃而过。我特别喜欢龙应台《目送》里的一段话："我慢慢地，慢慢地了解到，所谓父女母子一场，只不过意味着，你和他的缘分就是今生今世不断地在目送他的背影渐行渐远。你站立在小路的这一端，看着他逐渐消失在小路转弯的地方，而且，他用背影默默告诉你：不必追。"细想来，我们不也曾是逐渐消失在小路转弯地方的那个孩子吗？如今我们不正是站在小路的这一端的父母吗？生命在不同时段中被赋予不同的意义，爱与责任始终是为人父母最无悔的选择。岁月易逝，珍惜好与孩子相伴的每一分钟吧，孕育出世间最美妙的情感，爱得纯粹，爱得理性，爱得舒展。

回溯到2021年6月，儿子已经圆满完成了初中学业，9月份再开学时他将迎来崭新的高中学习生活。到2022年4月，儿子将满十六周岁，到了我们家长经常讲的长大成人的年龄，思来想去，我想把陪孩子这些年的成长经历和故事，整理出来装订成册，作为成人礼送给儿子。

偶然的机会与教育界的几位人士聊天，我与大家分享了这个想法。出乎意料的是，他们一致赞同我的想法，还建议我正式出版一本书，并且说了许多鼓励的话。这让我感动之余，多多少少有了点冲动。但我深知"闻道有先后，术业有专攻"的道理，我一个门外汉怎么可能写作出书呢，但内心的小火苗却一点点变得更亮了。

成书：一次精神的超越

多年前通过孩子学校的校长认识了某教育杂志的张主编。张主编一直对家庭教育情有独钟，且对家校共育怀有极大的热情与兴趣。当他得知我的想法后，愿意积极帮助我完成这件很有意义的事情。受到他和家人的鼓励和支持，我下定决心先把自己以前的记录梳理出来。这些年来我和孩子的成长印迹大部分都有记录，读书笔记、研学记录、父子日记、图片视频，林林总总真是不少。那段时间，我无论去哪里都把所有的资料和笔记本电脑带在身边，只要有空就开始整理。

在动笔写这本书之前，我曾听一位作家朋友说："写一本书一定要有一条主线。"当时，我想了好久也没总结出来。整理完这些资料后，经过与我的挚友侯先生多次思维的碰撞，才确定现在的这个书名——《爸爸陪你看世界》。我想借这个书名重申这样一个理念：在家庭教育、孩子成长过程中，爸爸的陪伴不可缺失，而且尤其重要。

书中提到的"世界"包含阅读的世界、行路的世界、生活的世界三个层面，即读世界、看世界、悟世界，本书最终呈现给读者的正是三位一体的世界，"要么读书，要么行走，总有一个灵魂在路上"。读万卷书是打开思想的世界，行万里路是打开生命的世界，打开天地的世界，打开天地人世万物的世界，在读书行走中追寻成长的快乐、生活的意义、人生的真谛。

具体来说，我重点探讨的是以读书、研学为载体或催化剂，通过读书、研学能够进行哪些输入和输出，以帮助孩子在生活和学习中享受快乐，在体验中获得成长，在成长中强化自我认知，不断增强成就感、荣誉感和幸福感，最终取得成功，实现理想。

怎样才算成功呢？我想，那就是"立己达人"，做自己喜欢的事，能够获得他人的认可，能给社会创造价值，获得崇高的人生意义。当然，这是最完美的成功和幸福了。其实这不正是我们培养孩子的终极目标吗？

这里所说的阅读的世界，可以是一本书，可以是一个人，也可以是一段演讲、一场讲座、一堂课、一部电影……

行路的世界，即行走思考的世界，是指穿越历史时空，追寻先贤的足迹，到文化胜地去体验、感受、学习。生活的世界强调的是陪伴成长的力量，就是知行合一地去实现自己的思考与想法，把想到变成做到。

"成长中的世界"的第一个输出就是分享，把自己的故事讲给别人听或者倾听他人的分享，可以是演讲，也可以是同龄人在一起海阔天空地畅谈等；"成长中的世界"的另一个出口可以是创作，可以是写日记、周记、作文、小说、故事、书信等，还可以是书法、画画、拍照、手工制作等。

以上这些是我在陪伴孩子过程中总结提炼出来的，赋予读书更丰富的定义，打通读书与世界的联系，以身为爸爸的责任感和孩子坚定地站在一起，守护他，共赴一段成长之旅。在每一部分，提炼出"引导—陪伴—分享"这条主线，引导阅读、引导研学、陪伴阅读、陪伴研学、陪伴成长、家庭分享、同学分享、读书会分享（当然分享也包含了演讲、创作等），这三者相辅相成，横贯成长的全过程。意外之喜是分享让孩子建立了自信，是获得成就感和认同感的最好诠释。

这些年一路走来，与其说是我陪着孩子一起成长，不如说是孩子带着我再次体验童年与少年时代。我们要感恩孩子带给我们的第二次成长。因为本书中援引了孩子从小学四年级到初三时的部分原创文章，所以我跟儿子沟通，希望他能同意我使用，并配合我进一步完善。对此儿子表达了不同看法："别把我写得那么优秀，我还没做出什么大的成绩来，某些方面也别把我的建议说得过于幼稚，真实、自然就好。"我惊讶于孩子的行事原则，这一点值得我们做家长的学习。经过协商，我接受了儿子的建议，去掉了他的很多照片，只展示他的部分作品。

书中并没有惊天动地的故事，也没有多大的成功可以标榜，更没有值得特别炫耀的事情。有的只是在陪伴孩子多年成长的道路上的真实经历以及由此生发的所学所思、所感所悟，如果读者或多或少地从中有所启迪收获，我就感到万分欣慰了。

本书讲述了我这个当爸爸的陪孩子一路走来的成长小故事，希望给读者更多的启发。在本书成稿的后半程，特别感谢约读书房创始人李宗磊老师的指导，是他的指导让我寻到了琐碎经历的理论根基，书中提到的引导、陪伴、分享与约读书房的文化理念不谋而合。同时也要感谢两个孩子的妈妈孙女士的启发。

在写作过程中，要特别感谢《做一个有故事的教师》的作者侯老师的大力支持，从最初写书的建议到目录的润色与打磨，以及内容的凝练，侯老师都给予我很大的鼓励与帮助。

希望越来越多的爸爸们能够抽出时间陪伴孩子一起成长，哪怕每天只有一小时。短短一小时可能会影响孩子的一生，不要让"我很忙"成为未来我们心中挥之不去的痛！教育温润，真爱无痕。

世界美好，你我同行！谨以此书献给曾经、现在抑或未来陪伴孩子成长的家长们，特别是爸爸们，让我们牵着孩子的手，奔跑着迎接美好的明天！

上 篇
阅读的世界
——成长路上书相伴

第一章
亲子共读重兴趣

读书是一种消遣，也是一种旅行，更是一种生活方式，一种生命状态。引领孩子爱上阅读离不开家长的陪伴，让孩子从阅读这件事上获得成就感。

1

懵懂孩童时，播下一颗阅读的种子

一直以来，所有的父母都希望自己的孩子多读书，但一提读书，绝大部分家长会感到头痛，因为让孩子读书太难了，实在找不到让孩子爱上阅读的好方法。

书籍是静态的朋友，朋友是动态的书籍。《曾国藩家训》中有这样一个观点，我觉得特别有道理：人在成长过程中，需要读各种各样的书，从中汲取文化知识，获取生存技能。是啊，读书可以遇到各种各样的朋友，读书可以与古人对话，与先贤交友，也可以与世界各地的朋友进行穿越时空的思想碰撞，慢慢地，你的观念和性格在潜移默化中受到了影响，发生了改变。

我特别赞同曾国藩的一些理念，尤其是关于读书的理念——

> 吾不望代代得富贵，但愿代代有秀才。秀才者，读书之种子也。

> 有一字不能记者，不必苦求强记，只须从容涵泳，今日看几篇，明日看几篇，久久自然有益。

关于读书的大道理几乎人人通晓，但是怎么去真正践行，是摆在每个家庭面前的大难题。让孩子爱上阅读，找到阅读的钥匙，踏上阅读的"快车道"，需要家长拥有陪伴的智慧。

妈妈的引领

记得从儿子一岁多起，我爱人每天给孩子讲睡前故事，他不哭不闹，显得特别安静，直到进入梦乡。等他上了幼儿园，我们就开始找那种有简单文字的绘本，坚持每天用手指着汉字给孩子读故事。

突然有一天，一家人和往常一样又要开始读故事的时候，孩子竟然指着书中的字给我们读了起来，而且一字不差，当时我们都惊呆了。我们惊喜地以为他认识了书上所有的字，就挑了几个字让他读，可他并非都认识，我们恍然大悟，他是记下了整个故事。

这样一直坚持下来，等到幼儿园大班时他就能够独立阅读简单的图画书了，大概认识了几百个常用汉字，成为班里为数不多能够独立阅读的孩子。说到识字，其实很多妈妈都在用各种办法教导孩子，比如：用字卡帮助孩子识字，指（用手指着字）读绘本讲故事给孩子听，教孩子认识身边遇到的字，如指认路上的广告牌、路标，等等。但在幼儿园阶段能够独立阅读的儿童只占了很少的一部分，这是为什么呢？大概还是没有持之以恒坚持的缘故吧！就拿指读绘本或者指读故事来说，一天、一周，相信很多妈妈能做到，但是能坚持一个月、一年的并不多。如果能好几年坚持下来，相信孩子的知识就会由量变到质变，识字也不会是难事了。

除了时间的保证，还要注重阅读方式的引导。以绘本阅读为例，很多孩子拿到绘本后，往往急着翻看正文部分，几分钟的工夫就把一本绘本看完了，这大大削弱了绘本的价值。读绘本也是有方法和策略的，做医生工作的爱人在这方面特别用心。

她陪孩子读绘本时，会做很多功课。拿到一本绘本她会认真思考：关于这个故事，孩子怎么样容易接受？孩子真正想知道什么？封面中的人物或动物，往往是故事的主角或重要配角，封面上出现的物品往往是重要的道具。在给孩子读绘本时，她会把封面上的书名、作者、译者、出版社都一一读给孩子听。读完后，并不急着翻页，而是故意停一停，和孩子一起观察封面图，问问孩子看到了什么，有什么疑问。

陪孩子读绘本时她还注意封面、封底的结合。有些绘本的封面和封底放在一起是一幅完整的画；有些封底是故事的真正结束；有些封底还藏有信息，当我们看到时，会恍然大悟，啊，原来如此；有些封底藏着故事中的某些角色，提醒我们回头重看故事，发现更深一层的含义；有些封底会有对这本书的评价或内容简介，读后可以猜中故事的结局。要引导孩子仔细观察封面和封底，不放过任何一个角落，并鼓励孩子展开想象，提出自己的疑问，不要怕孩子提的问题没价值、太幼稚。至于封底上的评论，可以看，但不必完全认同，它可以帮助我们从不同角度理解绘本的内涵，但不能代替我们自己的想法和感受。无论读什么书，自己的体验和感受是最重要的。

绘本故事书的阅读对孩子的影响是潜移默化的。我清楚地记得在孩子上三年级的时候，有一天突然跟我讨论起中国的历史，而且从夏朝开始一直说到民国，甚至很多朝代的皇帝都排列得很精准。我问他："你从哪里知道的？"他说："从《新华字典》后面的中国朝代列表看的。"我和爱人很惊讶。如此精细的阅读，或许与幼时读绘本的经历有关吧。

在读书这件事上我们从未限制过他，他可以随时拿起家中书本"乱翻"，曾经一度家中的书在他眼里就是饶有兴趣的"玩具"……孩子上小学后，阅读量成倍地增长。这一切，离不开孩子妈妈的引导，女性特有的认真和细心功不可没，相信许多家长有和我同样的感受。

爸爸的赋能

所谓阅读的赋能就是从引导、陪伴、分享三个层面出发，充分相信孩子，相信他能锻炼出阅读、写作、分享的能力，想办法给予积极的引导。

要充分尊重孩子。每个孩子都是独立的个体，不是父母的附属品，我们要尊重孩子的选择、意愿、想法，尊重孩子的隐私，学会认真倾听孩子的声音，满足孩子的好奇心，学会欣赏孩子。

其实从儿子阅读的发展过程来看，三年级以前接触的那些书基本上是妈妈引导他看的，大多是绘本、校园小说或者是故事类的图书。从三年级以后我才开始登场，逐渐引导孩子培养起对人文、历史、科技等的兴趣。具体做法后面章节中有详细的介绍，相信会给你许多启发。

前面说到儿子研读《新华字典》后面的中国历史年代表，和我的影响也有关系。我个人钟爱历史和科技，喜欢阅读这方面的书籍，平时喜欢看中央 9 科教频道、中央 10 纪录频道，以及相关的一系列纪录片、电影，耳濡目染，儿子慢慢也变得饶有兴致，而出行更进一步让这一兴趣变得根深蒂固。阅读丰富思想，行路打开眼界，两者相互影响，互相浸润，久而久之，就会让孩子的认知变得丰富多彩。

总之，引导孩子爱上阅读绝不是学几个理论、用几个办法就能做到的，也不是本书一个章节就能快速解决的，这背后更多的是家长的陪伴，更多的是让孩子在阅读中找到获得感和成就感，最重要的一点是要有分享，将阅读内化之后，通过各种方式予以展示，进一步提高阅读效益，知行合一，让成长真实发生。真正的成长是润物细无声的，爱上阅读也是如此！

2

在无锡，爱上《三国》和《水浒》

孩子在小学三年级时就喜欢上了《三国演义》和《水浒传》这样的大部头，他是在什么样的契机下喜欢上的呢？这要回溯到2015年春节的旅游研学。当时，我和儿子一起商讨，制订了江苏盱眙、无锡、南京、浙江杭州以及上海的旅行路线。第一站盱眙是著名的龙虾之都，我以前出差的时候去过。

龙虾之都吃龙虾

盱眙是江苏省淮安市下辖县，地处长江三角洲地区，水资源特别丰富。龙虾的原产地在北美洲，20世纪60年代，外地知青把龙虾带到了盱眙，经过多年的发展，盱眙拥有了"中国龙虾之都"的美誉，因为龙虾而闻名全国。

盱眙龙虾之所以出名，一是在于这里的龙虾个头大，皮薄肉厚；二是在于闻名遐迩的菜式——十三香龙虾，所用香料起码有十三种。这次到盱眙我们是奔着吃去的,小孩子的喜悦心情自然溢于言表。当一盆透红的十三香小龙虾被放到餐桌上,香气扑面而来,真叫人垂涎三尺,我们一家人大快朵颐。饱餐后,带着对美食深深的不舍,我们启程前往太湖边的美丽城市无锡。这是我们计划中的第二站,之所以设计这一站是因为《三国演义》和《水浒传》的相关电影和电视剧很多都是在此地的三国城和水浒城拍摄的。我们带着好奇和期待兴冲冲赶往那里,我的高中同学一家早已在那里等候。

与多年不见的老同学在他乡相遇自然格外亲切,这让孩子们感受到了我们这代人深厚的同学情谊。人际关系的真在于情感的真,同学情是一辈子的精神财富。同学的女儿比我儿子大两岁,姐弟俩并肩游览了三国城和水浒城。我们找了专业的导游,边走边看边问边听,一路游览下来,孩子们兴趣盎然。

三国城里话《三国》

无锡三国影视城,是中国5A级旅游景区。影视城坐落在葱茏苍翠的军嶂山麓、风景秀丽的太湖之滨。里面建有吴王宫、甘露寺、曹营水旱寨、七星坛、跑马场等十几处大型景点,是一座集影视拍摄、旅游功能于一体的综合景区。后来随着发展,又陆续添置了桃园、九宫八卦阵、火烧赤壁、特技场、竞技场、赤壁古栈道等景点,吸引着世界各地的游客前来观光游玩。

三国影视城的景点古色古香,至今想来仍历历在目。"桃园三结义"之处,城门楼大道右侧,驻扎着数十顶军帐,桃园内桃花盛开,一曲英雄泪飞的《结义曲》响起,"刘关张"正饮酒立誓,祭告天地。桃园后山坡上,一组三国人物兵马群雕栩栩如生,形神兼备。两个孩子兴致十足，在桃花丛中抱拳对拜，仿佛穿越回一千八百多年前刘关张桃园结拜的现场。最好的教育一定来自孩子的真实体验。这份美好，一生难忘。

"赤壁之战"等很多震撼人心的宏伟的战争场面就是在太湖边拍摄的：自甘露寺逐级而下，就到了"火烧赤壁"特技场内，我们欣赏到了火光冲天、烈焰翻腾的壮观战争场面，这里也是中国首家通过遥控操作模型展现影视拍摄技术、介绍影视特技的场馆，场内战船、军士、营帐等按比例缩小，惟妙惟肖，十分逼真。

现场表演的节目精彩纷呈，与影片中的打斗相比丝毫不差。参加过《三国演义》实拍的影视马术特技队为游客真枪实刀地表演"三英战吕布"，场面宏大，看得人惊心动魄，四十多匹骏马也都是训练有素的战马，马背上表演武打动作的演员身手极好，令人拍案叫绝。游客还可以披上戎装，体会一下跃马扬鞭、指点江山的豪迈气概。

《三英战吕布》是三国城内最大、最精彩的演出项目，讲述的是十八路诸侯会盟讨伐董卓，在虎牢关前遇阻，纷纷不敌董卓部将（兼义子）吕布，最后刘备、关羽、张飞上场，打败吕布的故事。该节目完全套用84集电视连续剧《三国演义》的情节，将故事高度凝练浓缩，在15分钟时间内演完，展现了中国古代战争场面的壮观，马术特技的使用，让表演有较强的观看性，是到三国城游览的必看节目。表演结束，儿子主动去和关羽的扮演者合影留念。

在三国城，三国的那段历史"动"了起来，孩子被深深地吸引。

水浒城中说《水浒》

水浒城南面与三国城相邻，西临太湖，城内有可供拍摄的水上面积1500亩。1996年3月，《水浒传》剧组进驻开拍，1997年3月8日对外开放。水浒城内的建筑工巧华丽，主要景点有皇宫、樊楼、清明上河街、御街、紫石街、水泊梁山等。

水浒城的几个拍摄地深深地吸引了我们——

首先是武大郎炊饼店。武大郎虽和武松是亲兄弟，但身材矮小，靠卖炊饼为生。我们进门便看到一副担子，这就是每天早上武大郎卖炊饼时用的担子。左边便是武松的卧房，当年在紫石街上兄弟二人见面后，武大郎执意让武松回家中居住。厨房内有灶台，案板上有一根擀面杖，灶台上还有蒸笼，当时所卖的炊饼其实就是现在的馒头。我们边听讲解边看，孩子更是兴趣盎然，摸摸这个，看看那个，一脸的兴奋劲儿。

接下来我们到了王婆茶馆。我们看了王婆的卧室，西门庆和潘莲偷情的戏就是在这里拍摄的。王婆虽说年纪一大把，却是个不守本分的老太婆，好好的卖茶生意不做，专爱调弄男女风情。西门庆和潘金莲最后勾搭成双，离不开王婆的教唆。王婆家的后门和武大郎家相对，自然而然就成了潘金莲和西门庆幽会的地方。不过，人若无德，必遭报应，王婆最终也是难逃一剐。

最吸引我们的是郑屠肉铺，鲁提辖拳打镇关西就是在这儿拍摄的。鲁提辖就是花和尚鲁智深，出家前在渭州当提辖。镇关西，本名郑屠，是个杀猪的屠夫，书中描述，镇关西在街上开了两间店铺，摆着两副肉案，店内悬挂着三五片猪肉，在当时算是个大铺子。鲁提辖和九纹龙史进、打虎将李忠在潘家酒楼喝酒时听到有人啼哭，经打听得知在此卖艺的金氏父女被镇关西欺侮一事。鲁达是个仗义之人，次日使些银两打发史进、李忠二人离开本地，自己独自一人赶到郑屠肉铺，让郑屠亲自切十斤精肉、十斤肥肉、十斤软骨，把郑屠累得汗如雨下，郑屠经不住折腾，一怒之下与鲁达发生争斗，最后鲁达三拳将其打死。表演时，肉铺中的猪肉是用泡沫做的，足以乱真。

"杨志卖刀""武松醉打蒋门神"等经典故事，在这里随处可见，演员的表演十分精彩，再加上导游绘声绘色的讲解，大家看得如痴如醉。随时随地都可看到、听到水浒故事，孩子们仿佛穿越到了北宋，幻想着自己也当了回替天行道的好汉。

在水浒城，我们还非常幸运地观看到了精彩的影视特技展示——《铁血丹心》。该演出根据央视版《射雕英雄传》中郭靖、黄蓉联手对阵铁掌帮帮主"水上漂"裘千仞那段故事进行改编，以展示古装武侠剧中各类影视特技的拍摄手法为主要特色。空中飞人、空中对打、破窗而出、火烧人、烟水爆破等特技，扣人心弦，让孩子近距离了解到了影视拍摄的奥秘。

始于足下，必有远方

在三国城和水浒城的游览过程中，孩子们听得特别认真，并不时地提出自己的疑问，发表自己的观点。在好奇中，他们更期待弄清历史的准确答案。这段旅行对孩子产生了极大影响。

回到济南后，家里尘封许久的《三国演义》和《水浒传》，被儿子拿到了书桌和床头，有空就读，手不释卷。特别是《三国演义》，一读就是好几遍，不光自己读，他还给我们讲。在孩子们自己组织的"勇往直前"读书会上更是一连讲了好几次。影视城的所见所闻，让孩子渴望分享的愿望变得愈加强烈。在求知欲的驱使下，他开始自觉地大量阅读原著，家里闲置许久的大部头图书被一一消化。

先读书后行路，还是先行路再去读书，历来众说纷纭。在我看来，不必纠结于读书、行路的顺序和节奏，只要有引导孩子读书的机会就一定不要错过，家长的坚持和对时机的捕捉更加重要。

说实在的，四大名著我自己以前真没仔细读过，好多故事都是从影视剧中获得的，理解并不深刻。旅游归来，孩子对《三国演义》《水浒传》的浓厚兴趣感染到了我和爱人，慢慢地我们也加入进来，和他一起看，并补齐了《西游记》《红楼梦》。通过亲子共读，我们全家对四大名著有了新的认知，继而，又喜欢上了央视的《百家讲坛》。这种连锁反应真的是出乎意料——自发的全家阅读，自发的全员参与，自发的茶余饭后拿起书籍，成为我们家庭的常态。学习型家庭是送给孩子最好的礼物。共同的学习愿景，共同的价值观念，让一家人在读书的路上渐行渐远。

这只是发生在我陪孩子行路、读书成长路上的一个小故事。在此我要强调一点，那就是机会的捕捉和落实需要爸爸积极主动的参与，特别是一些历史或地理方面的知识应尽量提前做功课，让孩子感受到爸爸的担当与力量。

正所谓千里之行，始于足下，无论是读书行路，还是行路读书，只要迈开第一步，相信孩子未来都会走得更远。

教育用心，资源有路。江苏的家长去无锡非常方便，其他地方的家长因为路程等出行上会有些困难，这不要紧，只要用心，近处同样会发现类似的场所。比如山东省东平县王台村的"水浒影视城"，这个地方我也带孩子去过，景区也有很多再现《水浒传》中精彩片段的演出。

还有,著名的水泊梁山就在山东省济宁市梁山县。杏花村、宋江马道、梁山三关、菊花会、李逵塑像、号令台、黑风口、梁山寨、莲台寺、宋江井、忠义堂等景点都逼真地还原了《水浒传》的故事场景。如果家长陪着孩子一起开启这样的一次研学之旅,相信没有孩子会拒绝阅读名著。

当下网络如此发达,电脑轻轻一敲,手机轻轻一触,就能找到各种研学路线。只要去想去做,无论是先行路再读书还是先读书再行路,都会有意想不到的收获。正所谓:书行远方,道不远人。

3

名家讲座启发阅读明史

书的种类繁多,可以说是浩如烟海,让人眼花缭乱。如果不知道要买什么书,那就带孩子去逛书城、游书店。正如不知道哪片云彩会下雨一样,许多书都是偶然遇见,便打开了通往一个新天地的大门。总之,要尽可能地寻找机会甚至创造机会为孩子助力,推开通往新知的窗口。

心潮澎湃见偶像

2015年秋天,朋友邀请我去参加一场大型报告会,主讲嘉宾是南京师范大学的郦波教授。在此之前,我和儿子看过他在《百家讲坛》有关曾国藩家训的讲座,被郦波老师的博学和满腹经纶所倾倒,算是他的忠实粉丝。有现场聆听的机会,让我激动不已,本来想和孩子一起去听,但时间来不及了,我就自己前往。

郦波教授这次讲的仍是曾国藩家训。现场倾听偶像的演讲分享，让我异常兴奋。在中场休息时，我做了一个大胆的决定，去休息厅找郦波教授聊几句，借机请教。我虽长期做销售工作，乐于交际，但心中仍忐忑不安。没想到郦波教授和蔼可亲，一点架子也没有。我说："我们一家人都是你的忠实粉丝。"他风趣地回了一句："我是你们的粉条。"我们交谈得很愉快，聊完我们还拍了一张合影留念。他向我推荐了《明朝那些事儿》《曾国藩家训》等书，我也加了他的微信。

那天我很激动，回去后就网购了他推荐的图书。回到家中，我向儿子讲述了当天的经历，他也兴奋不已。收到书后，他就迫不及待地拿起《明朝那些事儿》读了起来，简直到了手不释卷的地步。我有空也陪着他一起阅读并相互交流。应该说，这本书对我和孩子后来的读书，尤其是阅读有关明代历史方面的书起了推波助澜的作用，让我们进入了波澜壮阔的大明王朝。

一个人的精神成长离不开榜样的引领，崇拜某一个人，会转变个人心念。这就是偶像的影响力。榜样的力量是无穷的，无论对工作还是家庭生活都有很大的影响，如果有这样的机会，家长绝不能让其溜掉。没有天生就成功的父母，也没有不需要学习的父母，而父母长久不断的学习不仅会影响孩子，对个人自身素质的提高也大有裨益，家庭生活、工作等都会因此受益。只要肯去主动学习，我们眼里就会更有光。

一套史书助拓展

通过深入阅读《明朝那些事儿》，儿子和我对明朝历史的了解逐渐深入。循着书中提到的众多历史人物，更多的图书进入我们的阅读视野，如《风雨张居正》《于谦传》《戚继光传》《朱元璋传》《朱棣传》《刘伯温》等，这些书让我们对明朝的了解丰富了许多。通过阅读，我们也知道了很多有趣、不为人熟知的故事，如严嵩与六必居的故事、北京故宫的创建始末、《永乐大典》的由来、郑和下西洋的历史谜团、吴三桂怒发冲冠为红颜攻打山海关……这些故事又拓展了我们后期的研学旅行，真是书越读越多，路越行越广。

《风雨张居正》《"救时宰相"于谦》《抗倭英雄戚继光》这三本书，都是郦波教授的大作，三本书的主人公都在一定程度上影响了明朝历史的进程。听了《百家讲坛》中对上述历史名人的介绍，我颇受触动。特别是张居正，我原来并不知道有这个历史人物，更不知道他对大明王朝的深远影响。正是他的"万历新政"改革，才使得大明王朝苟延残喘地"兴旺"了几十年。读他的人生历程，我仿佛被带回了四百多年前那段风雨飘摇的岁月，接受鞠躬尽瘁死而后已的精神洗礼。读书有的时候真能唤醒我们沉睡的心灵，让我们的灵魂得以净化。阅读，让吾国之精魂永世传承。受郦波教授的影响，从那时起，我和孩子深深地爱上了阅读史书。

成长路上贵人帮

人一生中会遇到各行各业、形形色色的人，但真正对自己产生影响的人并不多，这样的人就是我们常说的贵人，有的时候我们真的需要"贵人指路"。最美的遇见，无须刻意地追求，不经意间遇到的人或事可能会对自己产生深远的影响，就像前言中我提到的几个给我指导写作思路的朋友，他们是帮我打开写作之门的贵人。我是做信息化系统集成的，有关教育方面的认识有限，但我从内心非常愿意结交从事教育或者相关职业的人，多年来，通过与他们的交流，我获得了第二次成长。

　　人一生中会遇到很多对自己有帮助的朋友，我们应心怀感恩，如此，人生之路才会更加明亮。就像邀请我去听讲座的那位朋友，我万分感激，没有她的邀请，我可能就不会进入精彩的明朝历史世界。我至今难忘二十二年前给予我第一份工作的贵人，正是这份工作成就了我事业上的发展，也正是因为从事这份工作我才有了如今安居的生活和幸福的小家庭。

　　同时我也更愿意向同事朋友请教来充实和提高自我。《荀子·修身篇》里的一句话让我很受用："非我而当者，吾师也；是我而当者，吾友也；谄谀我者，吾贼也。"这句话的大意是：指出我的缺点而批评又中肯的人，就是我的老师；肯定我，而赞赏又恰当的人，就是我的朋友；阿谀奉承我的人，就是害我的寇贼。当今社会，好多人已经容不得批评和意见，当"老师"不容易，所以能"非我而当"的老师一定是你的贵人，我们一定要感恩。最美的遇见，无须多言，只要顺着这道光，我们就一定能走向远方。

4
看"图说中国历史",穿越历史时空

人的一生,就像一棵参天大树,越是向往高处的阳光,根就越要伸向深邃的大地。人生一世匆匆过,播种什么样的人生态度,便收获什么样的生命高度和深度。纵然生活在低处,灵魂也要在高处。低,是处世的绝学,更是人生顶级的智慧。往低处而来,要心向高处,勿忘初心。我们吮吸着源远流长的中国历史文化,像树根吸收着大地的营养,慢慢长成参天大树。以史为鉴,不断启迪我们的智慧,创造属于我们中华民族的文明。

伴随着孩子的成长,我对历史的热爱也一步步深入,在中国悠久的历史长河中畅游。在儿子刚上四年级的时候,一次偶然的书店之行让我发现了宝贝中的"宝贝"——"图说中国历史"系列地图。我拿在手中摊开看,如获至宝,断定儿子一定会喜欢,所以就打算把一整套地图都买下来。令人遗憾的是,书店这套地图不全了,于是我先拿了书店目前在售的几张回家,留下电话,等书店把剩余的几张进货后再去取来，最后凑成了一整套。

这二十二张地图按历史朝代排列，依次为夏商西周、春秋、战国、秦、西汉、东汉、三国、两晋十六国、南北朝、隋、唐（上）、唐（下）、五代十国、北宋辽、南宋金、元、明、清（上）、清（下）、中华民国（上）、中华民国（下）、中国版图和历史年表。地图的正反面都有内容，摊开有0.5平方米那么大，合上后只有A4纸大小的一半，方便携带、查看。

我之所以断定孩子一定喜欢这套地图，是因为从他上幼儿园起家里就有地球仪、世界地图和中国地图，我经常陪着他一起看地图、找城市位置。有时候出差，在到达目的地之后我会打电话问他我出差城市的方位。他会把中国地图铺在地上，慢慢寻找并在地图上标注出来，看看爸爸去了哪个地方，从地图上算算我离家有多远，再根据比例尺测算大致的距离。这也是我们研学路上常做的游戏。有了这样的经历，孩子在学数学中的行程问题时就特别容易理解，也就很容易把这类题做好。其实学习数学最重要的是读懂题、理解题，而日常实践无疑有助于理解抽象的数学原理。

前面讲的爱上《三国》和《水浒》、郦波教授的引导，这些都是读史书的催化剂，真正让孩子更上一层楼并取得重大突破的是这套"图说中国历史"地图，在看图、读图的过程中，孩子仿佛穿越历史的时空回到曾经的历史事件中，很容易引起共鸣。

在拿到地图最初的几天，只要我在家就会陪儿子一起看，我们把地图摊开放在书桌上，一起指指点点，后来发展到一有时间他就自己研究，甚至自己动手去画地图。下面我以南宋金为例来讲讲我们爷俩是怎么看地图的。

翻开地图，首先映入眼帘的是一件精美的瓷器雕像，集中展示了这一历史时期瓷器领域的发展成果，封底上非常醒目的字描述了南宋这个时期的重要人物和重大事件："靖康耻，犹未雪。臣子恨，何时灭？"南宋王朝自诞生起，便背负着收拾旧山河的重担。但宗泽临终前的三呼"过河"也惊不醒衣香鬓影中的皇帝老儿。精忠报国的岳飞，未能战死沙场、马革裹尸，却成为高宗、秦桧刀下的冤魂，而一度盛气凌人的大金，在民众的声讨、反抗中惶惶度日。

地图正中间为南宋的疆域，当时南宋的没落显而易见，偏安一隅，只有现在的长江以南、四川和云南以东的一小部分领土。这个时期崛起的金以及蒙古的兴起一目了然。地图的最上方为朝代图说，正说南宋（1127—1276）的发展史；最下方为城市图，重点介绍南宋国都临安（现在的杭州）的概况；最右侧的一竖面分别为历史名人金兀术、岳飞、赵构、理学大师朱熹、奸臣贾似道的介绍以及与这些人物相关的逸闻趣事——莫须有、钗头凤、文天祥浩然正气、陆秀夫崖山殉国。

地图反面最上面的长条是一个历史时间轴，标注了南宋所处的位置、长度（只维系了一百多年）；往下依次介绍了这个时期的政治、军事、文化艺术、经济与社会生活。整个设计图文并茂，看上去一目了然。人们熟悉的宋代的文学家柳开、柳永、范仲淹、欧阳修、苏洵、曾巩、司马光、王安石、苏轼、苏辙、李清照、陆游、辛弃疾等，在地图上都有详细的成就概说。

有这样一套"图说中国历史"辅助，再加上我这个爸爸的引导，孩子对中国历史的喜欢和认知远超大多数同龄人。

5
值得信赖的专业阅读机构——约读书房

2015年冬季,儿子小学三年级的寒假时,通过朋友介绍我和孩子参加了济南约读书房组织的读书体验课。儿子本来就热爱读书,在阅读方面我们并不担心,但我们家长毕竟不专业,对孩子的帮助有限,所以想通过这样的专业机构来打开孩子的视野。在开课之前,我和爱人参加了书房组织的家长沙龙,也是从那时候起我们才知道居然有专业的机构来引领家长和孩子共同读书,指导家长如何给孩子选择要读的书。那次家长沙龙我们收获很大,我对陪伴读书有了更深的认识,也充分意识到在引导孩子读书方面我这个当爸爸的还有很多事情要做,原来做得还很不到位。受到启发,我开始系统地陪孩子读书,引导孩子建立对读书更浓烈的兴趣。

约读书房的核心理念就是引导、陪伴、分享。当时我没有特别在意,领悟得也不深刻。现在回想自己多年的做法,才发现无意中我一直践行着这种理念，因此更加钦佩多年前就秉持这样的理念坚持做阅读推广的人。约读书房的读书引导，简单说来就是先详细介绍本书的作者，再重点讲解作品创作的背景，包括当时的社会环境，再进一步讲解这本书过去和现在的影响力，最后讲整本书的主题思想、故事脉络以及读书的收获。这样一路讲来，很容易把读者带入历史情境，引起孩子阅读的欲望。课后老师还建议家长在家里陪伴孩子共同阅读，与孩子交流、分享。之后，在课堂上也会让孩子分享读书的收获和感想。

每次去约读书房上课，我都坚持陪同，陪着孩子一起听老师讲书里的故事。那真是一段很难忘的时光，也是从那时候起我才真正对于读书有了较深的认识，逐渐配置完善家里的小书房，几年下来，我家的藏书已近两千本。约读书房，在孩子成长的关键阶段，种下读书的种子，在孩子内心深植下一个梦想，温暖而光明。其实你会发现，有的时候真的需要一个契机、一个人、一件事，或者说一种资源触动自己，这种机遇需要我们和孩子一起去捕捉。只有家长用心，才有孩子的成长，才会助力养成大视野，胸怀大格局！

我们目前正在大力提倡书香社会的建设，这离不开学校、图书馆等社会资源，但仅靠这些远远不够。仔细想想，一个企业，把阅读推广当作自己的使命，这是何等的担当。希望有越来越多的专业人士或机构关注阅读，引领全民阅读的新风尚。

6

五分钟掌握讲书秘籍

读过这么多书,看过这么多电影,是什么吸引了我们呢?很长时间我自己并不是特别清楚。一个偶然的机会,我读到了《小说课Ⅱ:偷故事的人》一书,结合在约读书房听课的收获,我掌握了如何读书的秘密——七个问题讲好一个故事:

1. 主人公的"目标"是什么?
2. 他实现目标的过程中遇到了什么阻碍?
3. 为了达到目标他是如何努力的?
4. 努力的结果(通常是不好的)是什么样的?
5. 如果结果不好,那么有什么意外发生吗?
6. 意外发生后,剧情如何翻转?
7. 最后的结局是什么样的?

简单总结一下就是以下七个要素:目标—阻碍—努力—结

果—意外—转折—结局。一本引人入胜的书、一个故事或电影几乎都具备这七大要素,掌握了这个"法宝",以后陪孩子读书、分享、交流,特别是引导时就更加游刃有余了。下面我以《八十天环游地球》一书为例具体分析。

怎样更好地引导孩子阅读《八十天环游地球》这本书呢?我们试着从以上七个要素找到解决问题的方法。

1. 目标:1872年10月2日,主人公福格以巨额的赌注同朋友们打赌:在八十天内环游地球一周。渲染赌注之大,阐述那个历史时期的主要交通工具、八十天环游一周有多难,这些都是为了引起兴趣。

2. 阻碍:一路上的困难可想而知,最要命的是福格出发后的第七天,英国国家银行丢失了一笔巨款,他被当作最大嫌疑人遭到追捕,然而福格不为挫折所困。

3. 努力:准时到达苏伊士大运河,又乘船到达印度,救下年轻的寡妇,他们搭邮船到香港、赶到日本、穿越北美大陆。启发孩子观看地球仪或是去世界地图上寻找并标注这些行程,并试着想象当时的困难。

4. 结果:眼看要成功却被逮捕,所有的努力化为乌有。(一起体会此时跌入谷底的心情)

5. 意外:找到真窃贼被释放,到达伦敦,比预定时间迟了五分钟,还是失败了。(体会沮丧、失落的感受,接受现实)

6. 转折:发现由于一直向东旅行,无形中赢得了一天时间。(这是为什么呢?带着这个问题去书中寻找答案)

7. 结局:福格获得了最终的胜利,也收获了年轻、美貌、可爱的爱人。

经过上述分析，相信没有孩子会不喜欢上阅读。不得不说，通过约读书房老师的用心引导和一系列方法的运用，儿子读书的兴趣更浓厚了，也愿意去深入地阅读了，阅读图书的种类也越来越丰富了。我们家也形成了良好的阅读氛围。也正是有了那段经历，才有了后来孩子创办"勇往直前"读书会的想法和行动。这也是约读书房这家专业机构带给我们的切切实实的改变。

7

"身陷"图书馆,打开阅读世界之门

孩子喜欢上图书馆,也算是歪打正着。当时正值孩子四年级暑假,天气特别炎热。孩子爷爷奶奶家中有事,我们也没报什么辅导班,儿子就选择跟我去公司写作业看书。我跟他商量,一起制订了学习计划:到公司后要遵守公司的管理制度,可以使用电脑但是有限制(可看英文电影或者纪录片),每天除完成学校的假期作业外,还要自学小学五年级的数学,上册的学习任务必须完成,有余力的情况下再自学下册内容,其他时间可以读书或者自由安排。公司有个白板供他学数学时使用,便于解题时演算。刚开始他感觉很新鲜,一周后就倦怠了。我想起了每天上班路过的省图书馆,图书馆里不仅有中央空调,还可以在图书馆吃午饭,便和他商量去那里写作业、看书。他听了很兴奋,欣然答应。第一天去时没经验,8点到那里时去图书馆看书学习的人已排起了很长的队伍。当我们好不容易进去后发现已经找不到可以坐下的位子了，花了好长时间才安顿下来。第二天我们吸取前一天的教训，一大早就赶过去了，虽然有空位，但也很紧张，找座位跟打仗一样。这里的学习氛围太好了，来学习和读书的人很多。那个暑假，他"身陷"图书馆，在书的海洋里遨游。整个暑假除了外出旅行，孩子要么是在图书馆，要么是在去图书馆的路上。我问他："在图书馆有烦的时候吗？"他说："累了烦了就去逛，这么大的图书馆每天逛都不会重复。"

这个暑假对孩子的读书产生了深远的影响，打开了他看世界的那扇窗，也打开了他多维度阅读的空间。为了检验暑假的学习效果，开学前我给他报了一家辅导机构的考试，他考取了第一名。机构老师打电话劝我们去他们那里学习，许诺给予全部学费减免的优惠，我们认真思考后，觉得辅导班并不适合，便拒绝了。

这让我深刻理解了当年孟母三迁的良苦用心，想让孩子成为什么，必须让他遇到什么。图书馆的经历再次验证了环境的重要性。我们当家长的要想办法给孩子创造阅读的环境与机会，用社会资源解决阅读难题不失为一种好方式。"身陷"意味着沉浸其中、躬身入局。除了"身陷"图书馆，我们也可以让孩子"身陷"书店、书城，"身陷"作家签名售书活动，"身陷"分享会、讲座，等等。只要家长用心，这样的机会并不少。如果引导得当，就可借机帮孩子插上热爱阅读的翅膀，当然这个过程中陪伴是绝不可少的。

8
纸质阅读 VS 电子阅读

随着互联网的飞速发展，我们的生活被极大地改变了，几乎每分每秒都无法离开网络，工作离不开电脑，生活更是离不开智能手机。科技发展的进程是不可阻挡的，当下我们家长应如何引导孩子正确面对互联网所带来的冲击呢？积极探索如何用好互联网助力孩子成长，给孩子提供更有价值的帮助，是值得教育工作者和家长深思的一件大事。目前，一说起网络、手机对孩子的影响，许多人都唉声叹气，深受其害的孩子数不胜数。但凡事都有两面性，有不好的一面就会有有利的一面。在这里我想谈谈我对电子阅读的看法，在我看来，电子阅读的范围是广泛的。其载体可以是网络电视、智能手机、电脑，内容则涵盖电影、电视剧、纪录片、网络小说、电子书、小视频等。在当下，让孩子与"电子"隔绝是不现实的，最好的做法是疏导，去拥抱它，强堵与拒绝实在不是明智之举。

少儿阅读中纸质阅读的 NO.1 地位

在孩子八岁甚至是十岁之前,最好让他接触、阅读纸质书。有这样一个实验:把孩子分成两组,让他们读同一篇文章,一组读电子版,一组读纸质版。最终结果是:读纸质版的孩子留存的信息较多,感受也好得多。长期读纸质书的人相对比较沉静,乐于思考,富有想象力;而长期读电子书的人,则比较浮躁,做事不够专心,缺乏持之以恒的耐力。

纸质阅读带给阅读者独特的体验。读纸质书时我们可以用手和眼睛"触摸"到文字背后的温度,获得宁静和舒适,这种美好的情感体验,是电子阅读给不了的。

纸质书翻阅起来更方便,想看哪里可以直接翻到哪里,还可以从中间跳着读……这样的乐趣是电子工具提供不了的。

在纸质书上做批注,画一画,标一下,想一下,记一下,会激发人的想象力,让人的思考更深刻,不受干扰地专注阅读。

纸质书的出版门槛高、要求严,其严谨性、品位显然胜出电子书。纸质书的严谨和品位,对处于启蒙阶段的儿童来说至关重要,是对他们一生的奠基。比电子书整体品位高出很多的纸质书,显然更容易把孩子导向高等趣味。

而且,纸质阅读最为直接的优点便是保护孩子的视力。目前,纸质书的形式越来越多元、丰富,有助于孩子养成良好的阅读习惯。

总而言之,纸质阅读更容易让孩子爱上阅读,吸收更多,收获更大。

电子阅读,开阔视野的最佳"替补"

纸质书纵有千般好,但我们的时代已与互联网密不可分,我们不能无视网络对纸质阅读的冲击,如何利用好当下的电子产品也是我们必须要探讨的话题。信息技术能力是未来生活创造的必备能力。特斯拉公司创始人马斯克的传奇经历,为"科技改变世界"这句话做了生动的注脚。他为自己的孩子建了专门的学校,以适应未来社会的挑战。在这所独特而神奇的学校里,"玩"和"创造"是主题。先进科技是撬动未来的工具。要相信信息化已不可逆转地改变着人类的生活方式。我个人不太赞同把孩子与互联网彻底隔绝,对于有的家庭为了孩子学习读书把家里 Wi-Fi 断掉,不看电视,不使用电脑,一味单纯地让孩子只接触纸质书的做法,我持反对意见。这种环境下成长起来的孩子对很多信息的获得相对是有限的,特别是在小学高年级以后,许多孩子会通过网络看电影、看纪录片、查资料、做 PPT 甚至上网课等,只接触纸质阅读的孩子与他们相比会显得孤陋寡闻。其实,电子阅读完全可以充当纸质阅读的替补,用好也会受益匪浅。在后面的章节中我会结合实际例子给出"电子"产品的妙用。

9

奇妙的电子阅读

如今社会,我们生活、学习都无法离开电子产品,当然更离不开网络,怎么用好电子产品是摆在每个家长面前比较重要也是极富挑战的课题。用好这些先进的电子产品,不只是对孩子,对家长也会有很大的帮助。在我们家,电视、电脑、Wi-Fi 一应俱全,只不过孩子在使用过程中我们会尽可能地陪伴,确保孩子不被电子产品裹挟,更不会成为电子产品的奴隶,而是让电子产品成为我们的工具。

下面谈谈我们家对电子产品的应用,以及我们的收获。

轻轻一"键",世界相连

读书、行路在我看来并不是孩子学习方式的全部,宇宙浩瀚,世界宽广,有许多地方不是人力所能到达的。在陪伴孩子成长的过程中,我发现了另外一种特别的学习方式——跟随电影或者电视纪录片,去看大千世界的无穷奥妙,穿越历史看过去的故事,看"物竞天择适者生存"的动物世界,乃至无穷无尽的宇宙奥秘……打开电子产品,轻轻一"键",这一"键"可以是电脑的键盘或鼠标,可以是电视的遥控器,也可以是影院里的播放器,还可以是手机触屏等,通过这一"键",我们会进入一个精彩纷呈的世界,建立与世界的联系,获得更多认知,原来需要去实地才能获得的知识或是要翻阅大量的资料才能学到的知识,都会通过这一"键"而变得轻而易举。

这样一种特殊的"研学",是不是也能让我们的孩子甚至家长拓宽视野、增长学识、感悟人生的真谛呢?

儿子在小学阶段读了许多天文和科幻类的书籍,比如《太空之眼》《遥望星空》《伤心者》《宇宙简史》《时间简史》以及"三体"系列、"星球大战"系列等,这方面兴趣的建立与"电子"有很大关系。

上幼儿园时,孩子喜欢观看动画片,我们就结合孩子愿意看的动画片购买相关的图书,让他体验动静结合的乐趣。在他上小学后引导他看中央9台纪录频道和中央10台科教频道,看有关科技和历史的纪录片,也会通过网络搜索《地球脉动》《宇宙的奇迹》之类的纪录片。《地球脉动》讲述了三种动物在全球环境日趋恶劣下迁徙的经历,让人类好好珍惜地球,应对全球气候变暖;《宇宙的奇迹》用物理学揭开宇宙的奥秘,阐述了人类和宇宙的深刻联系。

从小看纪录片,孩子的格局明显大了许多,不用出门就能认识世界,环游世界,同时好奇心也受到激发,打好了多个学科学习的基础。现在回头看,孩子上学以后的很多爱好与小时候看的那些纪录片有很大的关系。

跳出屏幕，书海远航

大概在孩子小学三年级的时候，我就有意识地带着孩子去影院看英文电影（带中文字幕的），主要是想通过观赏影片培养孩子的语感、锻炼孩子的听力，为以后学英语奠定基础。当时，还特地向从事教育的朋友、老师请教，让他们推荐适合孩子看的英文电影、电视剧。其实孩子那么小，我们心里也没有底，他到底会不会喜欢也是未知数。

我清楚地记得，2016年的元旦后美国大片《星球大战7：原力觉醒》在国内上映，那是我第一次带他到影院看这种科幻英文电影（带中文字幕）。看完后，孩子反馈说："音效画面超好，还有故事情节……"听后，我心中不禁大喜：尽管听不懂英文，但孩子对英文电影并不反感，而且有了出人意料的收获。

之后，我们又去观看了"星球大战"系列的其他电影，他表现出更大的兴趣——因为在影院看不够，又让我想办法下载到U盘在家里从电视上看。于是，我把"星球大战"系列电影全部拷贝到U盘里。一到周末或假期他就会找出来看，反复看了好多遍。

这些科幻类电影好多的底层逻辑其实都是根据科学理论进行加工，观看这些影片能培养这方面的兴趣。我们惊喜地看到：他会主动协商让我们给他购买这方面的书籍来精读，而且是在相当长的一段时间里持续地阅读。

就这样，影片引发了孩子的好奇心和求知欲，在好奇心和求知欲的驱动下，他又要求我们买与之相关的书籍深入阅读，如此形成了良性循环，"星球大战"系列丛书、"三体"的三部、《未了的传奇》(波音飞机的故事)等就是在看了电影后他指名要的书。这些阅读无形中拓宽了孩子阅读的宽度和广度。不仅如此,通过看书他又会了解到书中提到的相关书籍,进而再去阅读,《时间简史》就是这样顺藤摸瓜被发掘出来的。

这种"连锁反应"是我们没有想到的。这一系列的变化都来自"电子"的影响,通过这样的引导,孩子会跳出电子产品那一方小小的屏幕,转身去书海中遨游,去思考和探索更多好奇的领域,向远方航行。阅读"连锁反应"的意义在于让孩子从兴趣出发,打破电子和纸质的壁垒,形成主题化阅读,对问题进行持续深入的探究。

在这里我想重点说下《时间简史》这本书,孩子不仅自己读了多遍,而且拿出很多时间来和读书会的同学分享。我们大人也从中学到了很多的新名词和新知识,增长了见识。儿子对霍金无比痴迷和崇拜,还主动从网上找来许多关于霍金的纪录片观看,大大激发了他对宇宙世界无穷的探索欲望。

2020年霍金去世的那天,儿子放学回来后跟我们说起这个不幸消息,眼里饱含着难过的泪水。不知那一夜儿子是在怎样的心情下入睡的。是啊,一位伟大的科学家永远地离开了我们,从此世界再无霍金,但霍金的伟大发现和理论一直指引后来者去探索宇宙未知的奥秘,指引着更多孩子,向着美丽的星空翱翔。

10
阅读就是最好的学习

为什么说读书的人和不读书的人，过的是不一样的人生？

锻炼与不锻炼的人，隔一天看，没有任何区别；隔一个月看，差异甚微；但是隔五年十年看，身体和精神状态就有了巨大差别。同样的道理，读书与不读书的人，日积月累，终成天渊之别。

余秋雨说："读书的最大理由是摆脱平庸。"坚持终身读书的人，一定是不平庸的。

阅读不仅能学知识、拓思维、增才干，还能让自己的精神生活更丰润。读书是一种生活历练，也是一种成长修行。在阅读中，我们知道了诸葛亮"鞠躬尽瘁，死而后已"的忠诚，了解了范仲淹"先天下之忧而忧，后天下之乐而乐"的无私，学到了苏东坡"一蓑烟雨任平生"的旷达，懂得了林则徐"苟利国家生死以，岂因福祸避趋之"的无畏……书是我们精神的给养。

阅读好书能让人"虚心通达，不固陋，不偏执"。读书丰润我们处身社会、获得成功的精神素养，读书能尽情延展生命的质与量，学人之长，补己之短。

大家都知道阅读的重要性，但当下总感觉没时间。时间去哪儿了？对于孩子来说，真的没有时间阅读吗？写作业重要还是读书重要？这是困扰一些家长的难题。在我看来这两者都重要，再进一步区分：读书是重要但不紧急的；重要且紧急的，是写作业。如果天天写作业而不读书，这就意味着每天都在做重要紧急的事。

但是，这样的学习是疲惫的，是不从容的，是一种被动的学习，是一种没有主动规划和安排的生活。关于作业和读书，应该如何安排呢？一般来说，有两种不同的处理方法。

一些孩子完全可以在写完作业之后再读书，这样做的孩子往往是非常喜爱读书的。他会尽快、高效地完成作业，然后再去读自己喜欢的书。阅读对孩子来说已然是一种乐趣，阅读变成了孩子高效写完作业的奖励。还有另一种情况，那就是孩子在学校上了一天的课，已经很累了，这种情况下完全可以回到家先休息一会儿，看看书，让紧张了一天的大脑修整一下，之后再去写作业，这样会更高效。

其实什么时候读书只是相对而言的，没必要一刀切，只要孩子从容面对即可，家长没必要纠结。儿子从小就是这样，哪怕是读书到晚上九点再去写作业，我们也不会指责，只要属于他的任务他能够完成即可；哪怕是写完作业，读书到十一点，我们也只是提醒他早睡，不要影响第二天的学习。读书之乐在于家长的认可和保护。就像我们看电视剧一样，看完这集还想知道下集是什么剧情，读书也是同样的道理。在孩子看书的兴头上，你突然强迫他中止去写作业、去弹琴、去睡觉等，很可能就把他的阅读兴趣抹杀了。

阅读，是孩子人生中的大事。虽然不像每天写作业一样是必须的，但它至关重要，它决定着孩子一生的品质培育、能力培养、智慧启迪、习惯养成等。这一切都需要长期坚持不懈的积累。

在日常生活中，阅读总会因为"太软"且"无形"而被挤掉、被拖走，甚至被忽略。而作业，因为被强调、被督导、被奖惩而呈现出"钢性""泰山压顶"的迫切性，所以必须完成。

如果能把每天阅读这件事坚持下来，孩子无形中就会发生巨大的变化。设想一下：我们天天强调阅读的重要性，到头来，却没有时间读。那这个问题，岂不是成了伪命题？所以一定要保证阅读的时间。下面谈一些常用的阅读时间管理方法。

可以用番茄时间管理法：二十五分钟阅读，五分钟休息，再阅读二十五分钟，再休息五分钟，形成一个循环。一个小时，两个二十五分钟，阅读的效率会很高。

碎片的时间，当然也可以用来读书。类似等车、乘车、酒店吃饭等客人等是人们生活的常态，这些时间如果白白浪费掉实在是太可惜了。苏联大文学家高尔基的"早·晚·零"读书法，就是利用一切可利用的时间读书的典型。

当然也可以拿出大块时间来集中阅读。记得多年前我在机场书店买了一本小桥老树写的《侯卫东官场笔记》，这本小说具有很强的"杀伤力"，我在候机、乘机时以及回到家后持续地阅读，一百多万字，只用了三天时间我就全看完了。当然等高铁、乘高铁、坐大巴这些都是读书的黄金时间，相对自由，没人打扰，而且看累了就可以休息，特别惬意。

儿子小的时候只要生病，我们就给他请假不上学了，让他在家里好好休整，到了初中也是这样。在病慢慢转好的过程中，他习惯躺在床上央求妈妈给他读书，等能独立阅读时他会自己拿起书来读，而且一读就是两个小时，一口气读上好几本。据我了解，上学的孩子特别是上初中的孩子，生了病，家长都是尽量在晚上给孩子打吊瓶，只要不发烧就送到学校坚持上课，特别害怕耽误课程。这种想法固然没错，但我认为生了病更应该好好休息，而不是在还没恢复好的时候去坚持上课，那样上课状态一定不是最好的，而且不利于身体恢复。

不能去学校上课，并不代表学习中止。家长可以利用在家的时间，鼓励引导孩子学会自学、独立阅读，孩子遇到不会的也可以问同学或者向老师请教，如果能利用好这样的机会，把自学能力培养起来，岂不是更大的收获！

11
精读博览，相辅相依

很多孩子可能会同时看几本书，遇到这种情况，很多家长就会劝说孩子先读完一本再去读另外一本，这样可以更深刻地领悟一本书。对此，我并不认同，在我看来，如果孩子能够连贯下来，是可以同时读几本书的，家长无须纠结。我儿子小时候就是这样，书桌上摆着一本书只看了几十页，床头摆的书也只看了几十页，客厅茶几上的也是如此。我发现他在写作业的间隙会翻看书桌上的书，坐在沙发上也会不经意地翻开手边的书看，睡觉前在床头再看另外一本。总之，他能同时在脑袋里装下好几本书，轻松做好每一本书的衔接，并且能很完整地给我们讲述每一本书的故事。其实这也是一种能力，更是一种学习能力的锻造，孩子同时学习那么多课程不也是一个道理吗？无论是精读还是博览，适合的就是最好的。

奢望书中的每一章或是分享人讲的每段话都对我们有帮助这

是不现实的。正如钱学森所言，在一本书里，真正闪闪发光的话，也就那么几行，如果你能够发现，领会其中的真谛，那就是把厚书读薄了，读懂了，读通了。对此我十分认同，一本书或者一个讲座中，哪怕有一句话、一个点能够带给我们启发，我们就应该很感恩了。今天一句话，明天一个点，日积月累，会产生无比强大的力量。

一个偶然的机会我看到周成刚的《穿越世界的教育寻访》一书，书中讲述了英国牛津大学与剑桥大学，以及美国的哈佛大学与耶鲁大学在校徽设计上的不同。这些故事十分有趣，或许对我们理解精读和博览有所启发。

公元12世纪末期，牛津大学刚刚建立不久，牛津大学所在的牛津镇就出了一件大事：牛津大学的两名经院派哲学家被控诉谋杀了一名妓女，牛津镇当局找不到真凶，居然直接以强奸罪为名绞死了这两位学者。这件事引起了学校师生的强烈不满。为了抗议小镇当局的行为，许多人纷纷离校，投奔别的学术机构，学者约翰·格瑞博士领头，带着一帮师生去了他的家乡剑桥，于是有了今天的剑桥大学。牛津大学促成了剑桥大学，或者说剑桥大学是牛津大学的进一步延展。

这两所世界顶尖大学让无数人向往。八百多年来，这两所大学之间的"相爱相杀"从未停止，你追我赶，互不相让。牛津大学和剑桥大学的校徽上都有一本书，不过剑桥的那本书是合上的，而牛津的那本是翻开的。牛津人嘲笑剑桥人装模作样不用功读书；剑桥人则嘲笑牛津人学习能力过低——我们都已经学完了，你们才学到一半。一本书竟然还可以这样来开玩笑，真是让人难以置信，但仔细想想，其背后传递的不都是对知识的追求和永不言败的进取精神吗？

所以你以为孩子装模作样，但可能一本书已经读完了；你以为孩子才看了一半，但有可能在读第二遍呢。读书无论采取什么形式，都值得赞美。

1638年，剑桥毕业生约翰·哈佛在美国去世后，将自己遗产的一半800英镑和几百本藏书捐给了创立两年的"新学院"学校。学校为了感谢这位捐赠者，以他的名字重新命名学校，这就是哈佛大学名字的来历。更有意思的是，哈佛大学的所在地叫"新镇"，后来改名为"剑桥镇"。历史的巧合，牵连出大西洋两岸两所名校的绵长渊源。

1701年，对哈佛大学心怀不满的一批校友脱离出来，在康涅狄格州的纽黑文创建了一所新的大学，这就是今天的另一所世界名校——耶鲁大学。中国留学生之父容闳就是耶鲁毕业的，如今容闳的画像与该校毕业的布什、克林顿等政界名人肖像并排悬挂在耶鲁大学校园中，接受后学者的瞻仰。

耶鲁大学和哈佛大学本是同根生，校徽上也都有书，只不过耶鲁的校徽上是一本，而哈佛的有三本。耶鲁人嘲笑哈佛人读书不专心，一心三用；哈佛人则嘲笑耶鲁人是一次只能学一门课的学渣，就不要在可以同时轻松搞定三门课的学霸面前嘚瑟了。

这个看似玩笑的小故事不正说明了孩子的阅读自由吗？充分尊重他们，无论同时读一本书还是同时翻开三本书，只要自己能够吸收，能够理解并融会贯通，如同哈佛人那样岂不是更好吗！几所世界著名大学的校徽不就是精读博览相辅相依的最好诠释吗？

牛津大学校徽

剑桥大学校徽

哈佛大学校徽

耶鲁大学校徽

第二章
家校共育飘书香

校园,孩子的学习之源,是激发孩子阅读兴趣、培养孩子阅读习惯的最佳之地,阅读推动需要家校合作。

1

勇往直前读书会
——一群孩子创造的奇迹

关于教育,德国著名的哲学家卡尔·西奥多·雅斯贝尔斯说过一段广为流传的话:"教育的本质意味着一棵树摇动另一棵树,一朵云推动另一朵云,一个灵魂唤醒另一个灵魂。"

在这里用孩子"勇往直前"读书会的故事来系统讲述家校共育的力量,以及如何能让孩子在读书会成员间相互影响下取得阅读成就。

在介绍读书会之前我先告知一下读书会成员初中毕业后的高中去向(2020年6月中考后):济南外国语学校2人、山大实验高中1人、历城二中1人、省实验西城校区3人、山师大附属中学1人、历城一中2人。

熟悉济南学校的家长,应该知道这个数据的分量。那么,这些孩子为什么能取得这么好的成绩呢?我个人认为和读书会的坚持有很大关系。

从儿子牙牙学语开始，到上了幼儿园，再到升入小学、初中，一路陪伴下来，我们这个小小的家庭已经养成了阅读的好习惯。孩子更是在历史传记的影响和熏陶下，无一日不读课外书，同时读书给我们这个家庭带来了无穷的快乐。在读书的习惯和计划上，我经常用曾国藩读书的一套方法来教育孩子："有一字不能记者，不必苦求强记，只须从容涵泳，今日看几篇，明日看几篇，久久自然有益。"这就是所谓的沉浸式读书法。可见坚持对读书的重要。无论作业多少，孩子每天都会坚持读书三十分钟，有时甚至达到两个小时，即使假期外出研学游玩也会在睡前看上一会儿。

我们家的读书氛围也异常浓厚，书房、客厅、床头、写字台，甚至卫生间都有书，孩子无论在哪里都能利用碎片时间随手拿起来读上一会儿，在书的海洋中遨游。图书馆也是孩子愿意去的地方，只要时间允许就去待上半天，借回自己喜欢的图书。孩子有了阅读的习惯和计划，自然而然就减少了对电子产品和网络游戏的依赖。当然家长的示范和引导十分关键。家庭营造出良好的读书环境和气氛，孩子才更容易爱上阅读，喜欢上阅读。

读书多了，孩子就萌发了发表自己看法、主张和思想的意愿，也产生了和家长、同学交流心得的想法。更让我们高兴的是，他提出了成立读书会的想法，要与同学交流、分享，互相学习，共同提高。

可是在哪里举行活动呢？孩子们犯了难，我们家长见状就商量着帮他们解决，后来选定了离学校和家都很近的一家素食餐厅。2016年1月31日那天，我们先让孩子们饱餐一顿，然后让他们开动脑筋，给读书会起个名字。孩子们讨论得很热烈，经过集思广益，凝结着孩子们集体智慧的"勇往直前"读书会正式面市了，儿子作为首倡者担任读书会会长。接下来分享的时刻，每个小会员把自己特别喜欢的书打开，将读书收获分享给同学和家长听。刚开始，孩子们还略显紧张，但说着说着就放开了，欢声笑语不断，那一晚的情景至今仍历历在目。

按照计划，读书会每周举办一次，没有固定的场所显然不行。我们想到向校领导求助。校领导很支持，于是接下来先是在学校的小会议室举行了两次，后来干脆把场所固定在了他们班的教室，时间定在每周五晚上7点。实际上，教室是最适合开展读书会活动的地方，因为有黑板，孩子们能像老师一样边说边写，也可以用多媒体来演示制作的PPT，播放相关的视频或者照片等。

在这里必须再次感谢侯登强校长。校长一路绿灯，门卫为我们提供安全保障，夏天特别热的时候教室内的空调可随时使用；允许孩子们使用多媒体这一"助手"来进行讲书。正是有了他的帮助，我们读书会才有了真正的归属感，他也非常高兴地接受了我们的邀请，多次给同学们做读书分享报告。至今读书会的孩子和家长都对可爱可敬的校长念念不忘，感谢他给每个家庭带来的积极影响。从那时候开始，我们成为很好的朋友，他在家庭教育方面给了我很多帮助。

读书会每周五晚上从7点持续到9点，刚开始那几次，两小时的时间还比较宽松，后来两小时的时间就不够用了，孩子们一讲起来根本刹不住车，很多时候家长不得不强行停止某位同学的分享，即便如此活动也很少有9点结束的时候。每次分享结束，同学们会共同诵读经典古诗词以及一些名言警句。不论严寒酷暑，不管风霜雨雪，甚至生病不适，孩子们都坚持前来。家长和孩子都盼望着周五的到来，因为分享给孩子们带来了无穷的快乐，同时家长的认同与鼓励也给他们以鼓舞，大家都兴奋地期待这一天的到来。

读书会整个过程包括引导、陪伴、分享三条主线，三者之间相辅相成。某个孩子分享了一本书，其他孩子听了兴趣大增，会借阅或者买来阅读，这不正是一棵树摇动另一棵树、一个灵魂唤醒另一个灵魂的最好诠释吗？陪伴更不用多讲，从引导读书到读书会上分享，家长们都一直陪在孩子们身边，这对孩子来说是莫大的鼓舞。而且，孩子们在展示自我的同时收获了肯定，孩子会觉得爸爸妈妈喜欢这样的自己。特别是校长和老师有时也参加读书会，并分享他们小时候的读书故事，分享他们的读书情怀和感受，有了这样的高度认同和鼓励，孩子们的成就感十足，读书和分享的热情空前高涨。

我们"勇往直前"读书会很快影响到了其他班级，他们相继成立了读书会，阅读、交流、分享一时蔚然成风，书香之气弥漫整个校园。

在三年半的时光里，在家长的陪伴下，"勇往直前"读书会累计举办了近百场读书活动，算起来超过了两百个小时，这真不是件容易的事！通过读书，孩子们学会了自信、坚持、勇敢、关爱、互助、团结、拼搏，远离了网络游戏，远离了电子网络的侵袭。

不光读书，读书会还搞了很多社会活动，例如社会实践活动、读书行路研学、排演话剧等。在每周一次共同读书的坚持中，孩子们慢慢长大了。小学毕业后我们就再也没有全员相聚过，这段美好的记忆或许永远停留在那个他们"长不大"的小学。

三年多的时间里，在读书会孩子们分享了大量图书，下面列举的仅是其中的一小部分：《胡小闹日记》《父与子》《明朝那些事儿》《荣宝斋》《岳飞传》《恰同学少年》《三国演义》《西游记》《水浒传》《太空之眼》《遥望星空》《时间简史》《三体》《星球大战》《鬼吹灯》《盗墓笔记》《昆虫记》《细菌世界历险记》《物理之书》《上帝掷骰子》《WHAT IF》《万物解释者》《未了的传奇》《希特勒传》《老人与海》《百万英镑》《居里夫人》《小王子》《第二次世界大战》《中途岛大海战》《空难调查》《活着再见》《南极北极》《搭车去柏林》……

通过广泛的阅读、交流、分享，同学们积累了大量的知识，好多书在分享后便在同学间流行起来，形成了良好的阅读氛围，其他同学或借阅或自行购买，同读一本书成了连接他们的纽带，整个班集体更加团结，同学关系更加融洽。

只要家长多为孩子们着想，想办法为孩子们提供各种资源和帮助，读书会是可以成功办起来的。当然这样长期的坚持，离不开家长的付出，在这个过程中会遇到这样或那样的困难，家长要做孩子坚强的后盾。相信只要大家坚持，就一定能创造奇迹！

2

读书也"疯狂"
——深夜观星的天文发烧友

儿子观看了一系列宇宙方面的纪录片,再加上阅读了霍金的《时间简史》,便疯狂地爱上了天文。在他的影响下,读书会全部的男孩都成了天文发烧友,纷纷购买了天文望远镜和精美的《太空之眼》图书,那段时间,孩子们对天文的喜爱如痴如醉,我们也顺应孩子们的要求成立了天文发烧友小组,在读书会结束后经常带着简易装备去公园或小区里观星望月。尽管望远镜是业余级的,但他们依然乐此不疲,有时会用手机拍下望远镜里的星球,回家后仔细观看自己的杰作。

随着行动的深入,儿子发现在市区的观测效果并不好,便提出想去空旷的大自然观测的想法。尽管孩子们已经是五年级的学生,但晚上去野外有许多不安全的因素,于是,我们家长经过协商、考察,最终把观星点设在了离济南市30公里的七星台。

目标有了，接下来就是具体行程的安排。我们家长做了认真的规划，时间选定了 4 月 30 日这天，因为从天气预报得知这天天气晴好，同时第二天就是五一小长假，时间都比较充裕。我们提前一周发出通知，包括具体的出发时间和出行方式，让家长做好安排。为了让孩子们有更好的体验，我们计划傍晚时分太阳落山前到达，让孩子们慢慢感受傍晚的到来、黑夜的降临，让孩子们全程记录天体的变化。

一切准备就绪，我们按照计划准时出发，一路上孩子们都无比兴奋。一到目的地，他们就迫不及待地取出他们的"高端装备"，一字排开，开始了心潮澎湃的宇宙观测。夜幕一点一点降临，孩子们也逐渐进入状态，当第一个人观测到星星时，兴奋地叫了起来，不等他邀请，其他同学风一样冲过去看，不时发出阵阵欢呼声。我们家长也忍不住凑过去观看，特别是在看到月亮的时候，全场沸腾起来，你争我抢地调试自己的设备。不知不觉就到了深夜，不远处突然传来热闹的音乐声，随之一个巨大的火堆把夜晚照得通亮。原来是一个家教培训机构正在举办篝火晚会。孩子们正好也累了，我们大人看着设备，孩子们过去凑热闹。那一晚他们是幸福的、满足的，直到后半夜才依依不舍地离开这个与星空亲密接触的最佳观星之地——济南七星台。

不难想象，回家后的孩子们是在何等的幸福中进入梦乡的，或许梦中他们还继续在太空遨游呢！尽管参与陪伴的几位爸爸前前后后忙活了七八个小时，但我们却异常兴奋，一点也不觉得劳累。或许这就是陪伴的乐趣吧！

有这样的一次经历，我更加坚定了陪孩子阅读、陪孩子看世界的信念。一本书打开一扇窗，孩子的世界不能只有教科书。

3

和你在一起
——同辈群体的神奇力量

很多父母发现，随着同龄人交往的日益增多，孩子的爱好、兴趣也会相互影响，共同语言会越来越多。这其实是长大的孩子开始渐渐脱离家庭进入同辈群体的开始。

同辈群体是一个人成长发展的一个重要的环境因素，一般具有以下几个特点：较强的内聚力，相对平等的关系，交流的内容十分广泛，有自己的亚文化。

对青少年来说，这种亚文化提供了新的价值标准和行为方式，让他们在崇拜偶像、英雄榜样、语言沟通、交流交往方式、消费方式乃至服装、发型等方面，都体现出青少年群体特有的旨趣，这种亚文化对青少年个体的思想价值观念与品德发展都有重要影响。

同辈群体对青少年成长发展的影响有积极的一面，也有消极的一面，其积极的一面包括：满足情感交流的需求，促进青少年学习和兴趣爱好发展，是获得生活经验和社会信息的主要来源，引导确立生活目标和价值观，有助于培养社会角色，学习行为规范，锻炼环境适应能力和合作竞争的本领。

同辈群体中的相互关系是建立在平等基础上的，每个人都以其适应环境的能力而获得他应有的地位。它使得儿童形成必要的社会技能，获得服从共同利益的能力，以及维护自己的权利，将个人利益与共同利益联系起来的能力。如果没有同辈群体的交往，个体便不能培养起成人所必需的交际品质。通过同伴间的交往，群体成员逐步学会了如何与别人沟通与合作，学会了宽容与谅解别人，学会了同情与帮助别人，学会了接受别人的指导与建议。这对他们以后在工作中与别人建立良好的人际关系，与别人团结协作是非常重要的。

但不可否认，同辈群体对青少年发展也有消极影响。青少年在思想和行为上追随核心人物，一旦他的言行偏离了正确的轨道，群体成员也会误入歧途，产生各种不良的行为。另外，同辈群体的活动有时与学校正常的教育教学活动时间上有冲突，一些青少年过于热衷同辈群体开展的活动而对学校正常的班集体活动缺乏热情，对班集体的凝聚力产生不好的影响，有时还会引发小群体集体逃学现象。

我们做父母的要充分利用纵向亲子关系，鼓励子女参与群体行为，与子女保持良好的交流沟通，引导他们和志同道合的小伙伴交往，积极健康地成长。纵观儿子这么多年读书会的经历，我们不正是在无意中践行了同辈群体理论吗？用心去陪伴孩子成长的过程，也是家长成长和进步的过程。

伙伴的力量是巨大的，"亲其师，信其道"，同样的道理，伙伴也是容易影响孩子生命成长的重要因素。我们一定要重视同辈群体对孩子的影响，引导孩子正确地交往，帮助孩子建立正确的人生观、价值观。

4

家长这样做
——孩子阅读收获多

在"勇往直前"读书会的引领下,学校其他班级也相继成立了读书会,"勇往直前"读书会作为先行者曾多次受邀去其他班级分享经验。有好多家长更是直接找到我咨询开办读书会的注意事项。在此,我把我们读书会的开办经验简单总结一下,供家长们参考。

1. 先找到志同道合的家长,要求孩子具备一定的读书量,最好是二年级及以上的。

2. 找好地点,可以是班级教室(征得学校和老师的支持)、咖啡厅、酒店小单间,也可以是当地的文化景点,在外面时需要家长一起策划准备分工,确保安全。

3. 时间可以是两个小时或者更多,孩子们分享的书不限同一本。如果指定某本书,会让孩子们误解为读书是变相的作业,效果不好。尽量做到脱稿分享，当然，一些经典的语句可以读给大家听，讲完以后能让其他孩子也喜欢上这本书。刚开始有的孩子记不住内容，这很正常，可以翻一翻书，几次以后就能适应。

4. 为了取得好的分享效果，有能力的孩子可以制作PPT，也可以拿实物或者自己的小发明去分享，可以请助手协助，也可以两个同学配合一起分享。总之，形式多样，做到自由与包容。中场休息时可以进行适当的娱乐活动，例如看视频、跳舞等。

5. 分享完以后，可以让其他孩子提问，由分享者回答，也可以指出分享中的错误。切记分享时不要打断，结束后尽量给予鼓励，做到对分享者尊重。

6. 分享过程中家长只能作为听众，要保持安静。分享活动结束前，如果发现有错误孩子们都未指出，家长可以补充。

7. 在适当的时机请有经验的家长或者老师给孩子做读书分享。

8. 一本书可以分享多次，读书会务必照顾到所有参与者。

9. 当一个孩子的兴趣影响到部分同学时，可以单独组成特别小组来增强认同感并给予适当的满足。像我们成立的天文发烧友小组，女孩子不大喜欢，就不强求她们参与。

10. 建议家长务必做到深度陪伴，跟孩子一起坚持，坚持读书，坚持参加读书会，哪怕只有两三个孩子甚至一个孩子也不中断。

总之，能把读书会落到实处并坚持下去是很难的事情，这需要毅力，需要家长和孩子共同努力。你会发现热爱读书的孩子，也愿意在读书上投入大量时间，即使不上辅导班，最终孩子的学习成绩也不会太差，参加读书会的几个孩子都升入了理想的高中就是很好的证明。

5

家庭最美是书香
——"书香家庭"受表彰

2016年春天在"世界读书日"来临前,济南市历城区教育局组织了"十大推动读书家庭"评选活动。因为有几年来读书行路的经历,我报名参加了,把评选材料写好后还找专业图文社进行打印胶装,并花了一个晚上的时间请专业的影视制作人员帮我录制了三分钟的宣传视频。这个准备的过程可以说是对过往的回顾和总结,对于经商的我来说是个不小的挑战,但所有的材料都源于我们的真实经历,所以也算是一气呵成。最终结果也让我们惊喜,我们家庭成功当选,还应邀接受了媒体的采访。第二天,《生活日报》对活动进行了整版报道,我们家的读书故事也被写进了新闻报道中。这样的一份荣誉和认可,给了我们家庭极大的鼓舞和自信,从那以后儿子更愿意主动阅读了,同时也激励着我陪孩子坚持把读书行路这样有意义的事坚持下去,做得更好。

《生活日报》报道

现在再阅读当时的参评材料，我依然激动不已，快乐与自豪之情油然而生。我们这个小小的家庭那时候就已经养成了阅读的习惯，孩子更是在名人传记的影响和熏陶下，无一日不读书，读书给我们这个家庭带来了无穷的欢乐和幸福。当时参评材料的内容大体如下：

在孩子很小的时候，妈妈就与孩子共看共读大绘本，每晚都给孩子讲故事。幼儿园期间孩子读了好多中外绘本。上小学一年级时更是读完了杨红樱的《笑猫日记》《五星级男生》等系列丛书。在小学这不到四年的时间里，又读了大量的书籍，《明朝那些事儿》九本，以及《岳飞传》《苏东坡传》《曾国藩家训》《荣宝斋》《恰同学少年》《老人与海》《细菌世界历险记》，还有"活着再见"系列小说三部、四大名著等，大概有上百本之多，有的书更是看过好几遍。特别是《三国演义》，不仅读而且潜心研究，并主动要求看《三国志》。在孩子读书的影响下，我们当父母的从原来不经常看书到现在也逐渐养成了与孩子共同读书的习惯，经常是一家人坐在一起共同读书、分享。孩子阅读的课外书非常广泛，天文、地理、军事、文学都有涉猎，尤其喜欢史书。我也喜欢史书，经常与孩子交流，这也促使孩子更加热爱中华五千年的文明，从春秋、战国、夏、商到当代的历史，孩子如数家珍。一套"图说中国历史"让孩子对中国历史有了更加深刻的了解。

在读书的习惯和计划上，我经常用曾国藩读书的一套方法来教育孩子："不必苦求强记，只须从容涵泳，今日看几篇，明日看几篇，久久自然有益。"这就是所谓的沉浸式读书法。可见坚持对读书有多么重要。在这一点上孩子做得很好，无论事情再多，每天都会拿出三十分钟到两个小时的时间来读书。哪怕外出游玩，也会在睡前看上一会儿。

我们家书香氛围浓厚。书房、客厅、床头、写字台，到处都是书，孩子无论在哪儿、何时想读书，随手拿起来都能读一会儿，尽情遨游在书的海洋中。图书馆也是孩子愿意去的地方，只要时间允许就去待上半天，并借回自己喜欢的图书。孩子有了阅读的习惯和计划，就自然而然减少了对电子产品和网络的依赖，久而久之形成习惯。同时家长的示范和引导也是不可小觑的。家庭营造出良好的读书环境和氛围，孩子自然就会爱上阅读，喜欢上阅读。

2015年暑假，孩子参加了新加坡游学之旅，回来后收获很大，知道了英语的重要性，文明、知礼更是深入心灵。至今儿子还经常提起那次出国之旅，第一次乘坐双层大飞机——空客A380，对新加坡国立大学有了深刻的了解，后来更是把这所大学列为将来出国就读的目标大学之一。

除了读书研学，我们也积极参与社会实践活动。2013年暑假，组织班里的家长和孩子们一同前往济南市儿童福利院开展"我们一起成长"活动，向福利院的儿童献爱心，让孩子及家长经受了一次爱的洗礼。2015年寒假，班级的几个同学更是自发组织起来担当环保小卫士，为我们居住的家园清扫垃圾，引导行人遵守交通规则，带领大人改掉陋习。

以上资料是五年前整理的，现在看来虽略显稚嫩，但它见证了我们的成长。随着阅读量的增加，研学的深入，我们的见识多了，我们的世界变大了，孩子长大了。

无心插柳柳成荫，很多事情只要积极去面对，积极地去做，就一定会有意想不到的收获。那次获奖我们得到了丰厚的奖金——一笔4000元的新华书店专用购书券，仅几个月就让我和儿子"挥霍一空"。学校也在倡导读书，并且围绕读书会做过很多活动，每年也会评选"优秀读书家庭""书香家庭"等，每次机会我们都格外珍惜和重视，无论能不能入选，与孩子一起准备的过程都会带给我们很大的收获。与孩子躬身入局，与孩子沉浸其中，重过程，轻结果与形式，为了一份荣誉，更为了能真正引导孩子

孩子的书架一角

喜欢上阅读,这样做值得。有了这样的鼓舞,相信孩子会因为喜欢而热爱。

中 篇

行路的世界

——跟着书本去旅行

第一章

人在旅途不寂寞——家庭研学全攻略

知是行的开始，行是知的完成。
知行合一是为良剂，知不弃行，行不离思，慎思之，笃行之。

1
知行合一话研学

自古以来，国人就有游学之风。孔子杏坛论道，开私学之先河，携弟子周游列国，传礼乐、察风情、献国策；唐高僧玄奘西去印度，跋山涉水，克困排难，历经千难万险，取回佛经；诗仙李白遍游华夏，纵横山水，谱写了清新灵动、豪放飘逸、流传千古的诗歌；北宋沈括自小随父游历，记录游历所见所闻所感，集腋成裘，聚沙成塔，其代表作《梦溪笔谈》，被誉为"中国科学史上的里程碑"，推动了中国科技大发展；明代徐霞客受耕读世家的文化熏陶，幼年好学，博览群书，尤钟情于地经图志，少年即立下了"大丈夫当朝碧海而暮苍梧"的旅行大志，在山脉、水道、地质、地貌等方面的调查和研究均成就斐然，并著有代表作《徐霞客游记》等；民国教育家陶行知1927年在南京郊区创办了晓庄试验乡村师范，并提出了"生活即教育""社会即学校""教学做合一"的生活教育理论，他倡导研学旅行，并积极推动"新安旅行团"全国旅行,一路修学,一路宣传抗日,慰问抗日军人,成为当时闻名国内外的"新旅"……

明代大儒王阳明先生在《传习录》中有阐释:"未有知而不行者。知而不行,只是未知。……又如知痛,必已自痛了,方知痛。知寒,必已自寒了。知饥,必已自饥了。知行如何分得开?""今人却就将知行分作两件去做,以为必先知了然后能行……故遂终身不行,亦遂终身不知。"

当年我读到这段话时如醍醐灌顶。今人做事,绝大多数先立志而后行,以致说多做少,最终落空。知行合一是为良剂,知不弃行,行不离思,慎思之,笃行之。

关于"知行合一"更通俗的解释是:知是行的开始,行是知的完成。知道了道理才能做好,要做好必须先清楚道理。

《后会无期》中有句台词:听过很多道理,却依旧过不完这一生。这就是典型的"知"和"行"分离。明知道熬夜不好,依然抱着手机夜夜晚睡;明知道没有结果该放手了,却依旧念念不忘;明知道该好好努力了,只是喊喊口号不付诸行动;不甘于平庸,却只做语言上的"巨人"……做不到知行合一,等于"不知"。唯有付诸实践的思想方能谈价值。

宋宁宗庆元五年,即1199年底,陆游写下《冬夜读书示子聿》一诗:"古人学问无遗力,少壮工夫老始成。纸上得来终觉浅,绝知此事要躬行。"这首诗的意思是说,古人做学问是不遗余力的,终身为之奋斗,往往是年轻时开始努力,到了老年才取得成功。从书本上得到的知识终归是浅薄的,要真正理解书中的深刻道理,必须亲身去躬行实践。

诗的前两句,作者讲古人做学问总是竭尽全力,只有少年时加倍努力，将来才能成就一番事业。他从古人做学问入手，娓娓道来，使人倍感亲切清新，如沐春风。其中"无遗力"三个字，生动形象地写出了古人做学问勤奋用功、孜孜不倦的程度。第二句阐述了做学问应当持之以恒的道理，同时也强调"少壮工夫"的重要性。他语重心长地告诫儿子，趁着年少精力旺盛，抓住美好时光奋力拼搏，莫让青春年华付诸东流。实乃言切切，情深深。

诗的后两句，作者进一步阐述：从书本得来的知识比较浅薄，只有经过亲身实践，才能变成自己的东西。他从书本知识和社会实践的关系着笔，强调实践的重要性，凸显其不凡的真知灼见。"要躬行"包含两层意思：一是学习过程中要"躬行"，力求做到"口到、手到、嘴到"，这是学者的一种"躬行"；二是获取知识后还要"躬行"，通过亲身实践化为己有，转为己用。作者的意图非常明显，旨在激励儿子不要满足于书本知识的学习，而应在实践中夯实和进一步升华。他的独到见解，不仅对古人做学问、求知识有很强的教育意义，即使在科技日新月异的今天，仍然具有较强的启迪和借鉴意义。

"纸上得来终觉浅，绝知此事要躬行"，是的，读书行路就是这样，相辅相成，不可或缺。多年来我们一家行走了大半个中国，人文气息非常浓烈的历史古迹，是我们光顾最多的地方。这契合了我们的读书理念：读万卷书，行万里路；读书要做到知行合一。

知行合一，应当是孩子成长教育生活的主色调。教育需要静守，师生需要行走。古有游学，今有留学，近几年国家大力倡导研学旅行。在今天相对封闭的教育格局下，师生一方面处于"有所在"的状态,被固定在讲台之上,困缚于校园之内,多有"知"而少有"行";另一方面,师生又渴望一种"无所在"的生活,对新的时代、新的思潮、新的观念、新的文化,有真诚追求和主动寻找的企盼。要冲破这种困局,研学旅行不失为一种好的方式。

只知不行是迂腐,只行不知是盲目,只有将二者结合,才能拥有丰富而有内涵的人生。

2
读万卷书也要行万里路

网上流行一句话：读万卷书，不如行万里路；行万里路，不如阅人无数；阅人无数，不如高人指路；高人指路，不如自己去悟。其逻辑关系是否严谨暂且不说，单就其强调的自主体验与感悟来说确有很大的启发意义。

何为研学旅行？研学旅行的目的和意义是什么？

2014年3月4日教育部颁布了《关于进一步做好中小学生研学旅行试点工作的通知》，其中指出研学旅行"面向全体中小学生，由学校组织安排，以培养中小学生的生活技能、集体观念、创新精神和实践能力为目标，是基础教育课程体系中综合实践活动课程的重要组成部分"。研学旅行是融社会调查、参观访问、亲身体验、资料搜集、专家点评、集体活动、同伴互助、文字总结等为一体的综合性社会实践活动，是基础教育课程体系中的综合实践活动课程。

研学旅行是为了让学生接触社会和自然，在旅游体验中学习和锻炼，从而培养生活技能、集体观念、创新精神和实践能力，养成自理自立、文明礼貌、互勉互助、吃苦耐劳、艰苦朴素等优秀品质和精神，增进对自然和社会的理解和认识，增强其社会责任感和实践能力。对国家而言，这是贯彻《国家中长期教育改革规划和发展纲要》的行动，是培育和践行社会主义核心价值观的重要载体，也是拓展旅游发展空间的重要举措。从学校层面来看，是深化基础教育课程改革的重要途径，是推进实施素质教育的重要阵地，是学校教育与校外教育衔接的一种创新形式。

以上都是指导文件给的一些关于学校研学的系统描述，在下文中我将结合这些指导意见从家庭研学层面来谈谈我的认识。生活中，很多研学变成了"上车睡觉、下车撒尿、景点拍照"的泛泛之旅，这样的研学几乎是没有效果的。我想结合我们多年的家庭研学实践，给大家一些具体而详细的建议。我们的"家庭研学之旅"细致而完备，从研学前的准备（目的地的资料搜集、相关书籍的查阅、线路设计、装备选择、住宿安排、路途时间管理等），到研学路途变化的应对，到达景区与导游的交流沟通，门票的购买与保存，每天的日记记录，等等，都有涉及。

"读万卷书，行万里路。"读书和旅行始终是培养人的知识素养、丰富人的情感体验的两条快车道。一是通过出行体验，可以让孩子深刻感知祖国大好河山、感受社会发展变化、感动于人民群众的伟大创造，有助于孩子构建起家国情怀、担当意识，自然而然地激发他们爱党、爱国、爱人民的深厚情感。二是可以让孩子对社会性有更全面的认识。研学旅行打通了从书本到社会的任督二脉，让孩子走出封闭的学校，走向自然、走向社会，让他的学习在实践中真正展开。在此过程中，他与父母、与伙伴、与社会相关人员进行沟通交流，培养了利他性、协作性和自觉性。

　　文明是社会进步的具体表现，一个文明的国家必然要培养文明的公民，在研学旅行的具体实践中能够充分暴露孩子在文明礼貌和行为习惯上的具体问题。因为深信这一点，我们对孩子从小就针对性地指导，让孩子学会文明出行，成为绅士少年。读书是丰富孩子成长的根基，研学旅行是良好的成长途径，研学的过程更是引导、陪伴、分享的最好诠释。

　　多年下来，我们家几乎走遍了大半个中国，北京故宫，曲阜孔子故里，邹城孟子家乡，蓬莱戚继光故居，刘公岛中日甲午海战遗址，河北怀县土木堡、逐鹿三祖圣地、张家口火车站旧址、唐山大地震纪念馆、碣石山、清东陵、江苏无锡三国城、水浒城，南京博物院、总统府、夫子庙、杭州西湖、岳飞庙，辽宁宁远古城、锦州辽沈战役博物馆，成都，重庆，上海……先读书，然后追寻历史的足迹，触碰历史的沧桑。

　　陪伴儿子看世界的过程，也是我不断更新教育理念、丰富教育认知的过程。远行是一种教育启蒙，对孩子，对我而言，都是如此。

　　在孩子小学阶段，几乎每个法定长假以及寒暑假，我们都会全家出动，"跟着书本去旅行"，追寻历史足迹，体验真实场景，通过研学，学知识，增才干，练体魄。到了孩子初中阶段，则让其主导带爷爷、带父母出行，甚至独行，让其自己设计路线、收拾装备，书写感悟、体验与收获。这大大提高了孩子的独立性。

3
重言传更重身教

行路这件事说起来容易,在真正去践行的时候却会遇到很多意外。而这些意外相比平时讲的大道理可能对孩子的影响更大。

有一次我们自驾去旅游,在行驶途中因为我注意力不够集中,没有观察后方来车,在变道的时候差一点和后方右侧快速驶来的一辆越野车剐蹭,幸亏我反应迅速,往左猛打方向盘,才幸运地避开了看上去要撞在一起的车。我和儿子惊出了一身冷汗。当然事情并没完。这场突如其来的小意外令对方车辆的司机十分愤怒,他落下车窗,指着我就开始大声指责,有些言语颇为过分。我没有以恶语回击,相反第一时间落下车窗,诚恳道歉:"实在对不起,是我的错,开车走神了,万分抱歉!您那边没什么事吧?"我大声地说着道歉的话。对方看我这么诚恳,瞬间火气就没了,回应道:"没事,下次注意点,快走吧。"一场小小的风波就这样化解了。

我们继续前行，路上我借着这个事给儿子讲了这样一番道理：做人一定要有胸怀，有容人之量，不管未来遇到什么样的事情，是自己的错就要勇于承担。退一步说，就算错在对方，也要学会退一步，不要去谩骂指责。退让一步，很多争吵甚至"战争"就会消失于无形。就像刚才的那个小插曲，假如真的撞上了，也不要去争吵对错，而要学会淡然处理，退一万步讲，车辆都有保险，实在沟通不了，还可以让交警来处理。行路途中，车辆碰撞后，因为双方的不冷静，引发冲突的场面并不少见。只图一时"嘴快"，最终酿成不可挽回的后果，这是每个人都不想经历的。祸从口出，一点也不假，冲动不是解决问题的办法。

孩子深以为意。

最美的课堂在路上，身临其境，才会感同身受。虽然我平时给孩子讲过许多，诸如说话要谨慎、三思而后行云云，但能真正内化于心的并不见得有多少。借这个机会，我给儿子上了生动的一课，通过切实发生在我们身上的故事，让他真正理解。果然从此以后，儿子对突如其来的事情基本能做到从容应对，很少逞口舌之快了。

家长是孩子的榜样，是孩子的第一模仿对象，家长的行为举止影响孩子的一生。与其用你的经验去告诉孩子世界的模样，不如让孩子在亲身经历中感受。这一点值得每个家长重视。

4
研学路上的"秘密武器"

也许读者朋友们会问：研学是不是要花好多钱？要我说，只要规划好了，真的花不了多少钱，绝大部分家庭都能够承担得起，能不能成行的关键在于你想带着孩子行动起来的决心是否足够坚定。多年研学下来，我们总结了一套颇为有用的出行经验，现与大家分享。

首先是出行时间。我们研学行路大多选择劳动节、国庆节、春节等节假日时间，这样大人、孩子都有时间，如果晚回来一两天跟单位请假也更容易被接受。而且节假日期间，高速往往是免通行费的，只要设计好，开车有时候要比坐高铁和飞机还省钱，特别是一家人一起出行，还可欣赏沿途的风景，最美的景点永远在路上。而且路途中不光有美景，还能长不少见识，学到从书上学不到的知识。比如国道的分辨，就是儿子在旅途中了解的。特别提醒大家：去往知名景点尽量避开高峰期。早上要早起，先去一些冷门但值得寻访的地方,那里的游客普遍不多;长假接近结束时,外地游客纷纷返程,这时候再去知名景点,人往往不会太多了。

再就是研学准备。重点是线路设计和知识储备。在线路的设计上,我们以起点到终点为轴,仔细在地图上搜索要经过哪些省市,找寻沿途的景点。在此插一句,为了锻炼孩子对地理知识的敏感度,在他很小的时候我们家就购买了地球仪和世界地图、中国地图,出行途中我也会带着交通类图书随时查阅。当然,只靠地图是远远不够的,要结合已掌握的知识,借助网络精准搜索查找途经的城市及各地的名胜古迹,并把找到的全部资料打印出来,包括地理位置、景点介绍、历史沿革、开放时间、门票政策、人物故事、传说等,分别装订,和孩子一起提前做好知识的储备。这样,在旅行途中或是游览过程中,就可以随时对照资料验证,再结合导游的讲解便能更深刻地感知历史的沧桑,自然受益也会更多。旅行结束,你会发现孩子知识的积累会有惊人的变化。

还有一点就是如何度过漫长的旅途。漫长的旅途十分消耗人的精力,慢慢地,我们找到了让旅途不寂寞的"秘密武器"——听书。

旅行途中,我习惯听各类有声节目,讲座、评书、小说等,例如郦波老师讲《曾国藩家训》《五百年来王阳明》《风雨张居正》《于谦》,刘心武讲《红楼梦》,易中天讲《品三国》,吴清源讲《水浒传》,等等。

在车内密闭的环境中,车里的人很容易被吸引。孩子刚开始也许并不感兴趣,你可以跟孩子说:"爸爸想听,因为开车很累,要保持清醒。"运用这样的话术慢慢让孩子融入这个环境,有时候听着听着，孩子会比大人更加着迷。

记得2015年国庆节的那次土木堡研学之旅，我们的车奔驰在河北省张北县被称为"中国的66号公路"的草原天路上，沿途的天路犹如一条蛟龙，蜿蜒曲折，跌宕起伏，绵延百余公里，蓝天与之相接，白云与之呼应，行走在路上，就像是漫步云端，天高云淡令人遐想和神往。可即便这样迷人的景色，也无法将我们从《活着再见》的聆听中拉出来，车上的每个人竟然痴迷到不愿下车看美景的地步。

那次途中听完了第一部《任务》，儿子意犹未尽。得知还有第二部《征途》和第三部《归路》，一回到家他就要求我们马上购买这套书，书到后就如饥似渴地阅读起来，很快就把总字数一百多万的《活着再见》看完了。通过听小说我第一次知道了"截胡"这个词，这个词在故事中的应用，让我们笑了好久。

听书也能把我们带到特定的回忆中，回忆承载的哀伤、哀婉，抑或欢快、愉悦，可以净化我们的心灵，让我们的心灵在奔波忙碌的时候找到歇息的角落。是不是很神奇？

我们就这样一路走，一路听，一路欢声笑语，带着美好的心情，奔向一个个景点。

第二章
人文之旅——塑造健康向上的人生观

在孩子心中播下一颗向上的种子,并让这颗种子发芽生长,不奢望将来取得多大的成就,也不妄想将来是否辉煌。

1
生当作人杰,死亦为鬼雄
——济南李清照故居

小学阶段,学校会要求学生背诵一些古诗词。李清照的《夏日绝句》和《如梦令·常记溪亭日暮》便是三四年级的必背篇目,这也是我上学时候必背的诗词,所以比较熟悉。

"生当作人杰,死亦为鬼雄",那种凛然的人生姿态,那种大丈夫之气,世间须眉有几人能敌?初读两首诗词,儿子还以为李清照是位像苏东坡一样的男性词人,对于词中表达极为困惑。

在我的提议下,我们一起翻阅相关资料,从词人的生平到诗词创作背景,从写作风格特点到情感内容表达等,方方面面,进行了认真的梳理。

在此不得不提《李清照传》,这本书是我们爷俩一起研读的,读后,李清照在我们脑海里变得立体了。从中我们了解了女词人的爱情,她的志向,她的不甘,她晚年的哀婉与孤寂,更加理解了她的创作，词中的表达。后来，我们相约去李清照生活过的济南章丘探寻。

除此之外，康震的《百家讲坛·李清照》对我们的影响也很大。我记得在研学的路上听到第九集，讲述李清照晚年的孤独生活，她的词作《武陵春·春晚》"风住尘香花已尽，日晚倦梳头。物是人非事事休，欲语泪先流。闻说双溪春尚好，也拟泛轻舟。只恐双溪舴艋舟，载不动许多愁"让我感慨良多。康老师动情的讲述，让我不觉想起了去世的爷爷奶奶，眼睛禁不住湿润了。儿子发现了我的变化，忙问我怎么了，我说被感动了。儿子不太相信，这有什么好伤感的？于是我关掉音响讲起了我与爷爷奶奶的过往。

之前我给孩子讲过小时候我与爷爷奶奶相处的生活，孩子感受并不深。这次，隐约感觉好像不一样了。

"每次回农村老家抱起瘦小奶奶，她都笑容满面，但还装出要打我的样子，说我没个正形；在老家我都是睡在爷爷的身边，听爷爷讲咱们的家族故事；爷爷来济南，我和朋友们一起陪爷爷喝济南的扎啤；我和你妈妈一左一右挎着八十岁的爷爷一起逛街，带爷爷去医院看病拿药；当爷爷走到了生命的终点，当爸爸用手触摸到爷爷的脸颊，当我伫立在爷爷身边的那一刹那，我似乎看到了爷爷脸上的微笑，他眼角掉下了一滴浑浊的泪水，然后便停止呼吸与心跳，永远离开了我们……"有我陪伴的那几年，爷爷的笑是开心的、灿烂的、幸福的、安详的……

我告诉儿子，我们这个年龄的人已经慢慢开始经历生老病死，面对生死，我们唯一能做的就是珍惜当下与每一位亲人在一起的时光，多一些陪伴，少一些埋怨，多一些孝顺，少一些攀比，实干苦干，不负韶华。

研学路上的这种沉浸式体验，让孩子动容，我们明显感觉到他对我与两位老人的深刻感情有了更深的了解，还不时安慰我，让我不要那么伤心。

言归正传，我们一家人2016年和2017年先后两次到章丘百脉泉李清照故居，试着追寻少女时代的李清照在济南的欢乐生活。"常记溪亭日暮，沉醉不知归路。兴尽晚回舟，误入藕花深处。争渡，争渡，惊起一滩鸥鹭。"当然现在是看不到争渡的场面了，但透过长廊墙上挂的壁画，依然能够想象得到当时清纯少女无忧无虑的快乐生活，词人清晨在漱玉泉边梳头的惬意画面如在眼前，与晚年"日晚倦梳头"形成巨大反差。

在清照故居连廊的墙壁上镌刻着李清照的很多作品，我和儿子漫步在故居中，不时驻足诵读朗朗上口的诗词，交流我们在书中看到的故事，引得一些游客也驻足观看，听我们读，听我和儿子讲。儿子特别有成就感，那可真是"腹有诗书气自华"啊！

那首著名的《醉花阴》，是李清照寄给在外做官的丈夫的："薄雾浓云愁永昼，瑞脑销金兽。佳节又重阳，玉枕纱厨，半夜凉初透。东篱把酒黄昏后，有暗香盈袖。莫道不销魂，帘卷西风，人比黄花瘦。"秋闺的寂寞与闺人的惆怅跃然纸上。联想到后来李清照与丈夫南渡避难，过着颠沛流离、凄凉愁苦的生活，不禁让人唏嘘。

在清照故居的长廊墙上挂着一幅一叶小舟载着李清照南渡的画作，上书："生当作人杰，死亦为鬼雄。至今思项羽，不肯过江东。"这首诗道出了多少无奈与心酸，借项羽的宁死不屈反讽徽宗父子的丧权辱国，意思表达得痛快淋漓。这也是孩子当时最喜欢的诗。

《声声慢》更是让人读出了人生的惆怅:"寻寻觅觅,冷冷清清,凄凄惨惨戚戚。乍暖还寒时候,最难将息。三杯两盏淡酒,怎敌他、晚来风急!雁过也,正伤心,却是旧时相识。满地黄花堆积,憔悴损,如今有谁堪摘?守着窗儿,独自怎生得黑!梧桐更兼细雨,到黄昏、点点滴滴。这次第,怎一个愁字了得!"我告诉儿子:"这首词是叠词使用最多的,也是最成功的!"

以上列举的李清照作品都是现在或者将来孩子要学的,可见她在中国诗词界的地位。好多作品都是我们耳熟能详的,这也激起了我们的强烈共鸣。穿越九百多年近距离地感受李清照生活过的地方,经过这样两次出行,孩子对李清照有了更深刻的认识,同时对她创作的诗词有了更深入的理解。

2

穷则独善其身，达则兼济天下
——邹城孟府孟庙

儿子从小学一年级起就开始诵读国学经典《论语》和《孟子》，对其中的很多名句名章都能倒背如流。我们当家长的也跟着受了熏陶，对两位先贤有了更多的了解。让我们感到自豪的是孔子和孟子两位先贤都是山东人，一位生于曲阜，一位生于邹城，离我们居住的济南都不远。

三年级和四年级的暑假我们一家驱车两次前往曲阜的孔府、孔庙、孔林，一起走进了先贤生活过的地方，不仅对儒家思想有了更加全面、深入的认识和了解，还增加了对祖国文化的崇敬与热爱之情。但相比而言，五年级暑假的邹城孟府、孟庙研学之旅更加丰富，收获也更多。这是因为这次研学，我们第一次以两个读书会的名义发起，且做了充分的准备，可谓沉浸式的研学之旅。

孟子曰，穷则独善其身，达则兼济天下。读书会得以发展壮大，与这句话的鼓励与促动有很大关系。截至五年级的暑假，"勇往直前"读书会已经坚持了两年。两年的时间里，我多次通读《王阳明》。王阳明在经过了父亲那座山、理学那道坎、宦官那个坑、生死那道关之后，终于龙场悟道，成为一代完人。受其促动与影响，朋友发起了"知行"读书会，从此读书会有了其他学校的孩子和家长的参与。

队伍壮大了，我们就能做更多事情，也能组织更大规模的活动了。五年级暑假前的一个月，经过几个家长的几次碰撞，我们决定在暑假期间组织为期两天的邹城研学。在出行前，我们核心成员家长做了详细的计划和任务分工。我是本次活动的策划人，也是总指挥，更是仅有的参与其中的两位爸爸之一，而我们家是本次研学活动中唯一全家出动的家庭。

首先我邀请了一位专业的文史老师，由他负责讲解，带着孩子们参观，计划的线路是：邹城博物馆→孟庙、孟府→峄山风景区→明鲁王墓。确定好线路后，由这位老师去实地踩点，包括景点摸底、酒店预订、活动场地协调、用餐安排等，做到以最小的花费实现预期的效果。

这位老师和两位家长一起设计了人手一份的小小研学手册，内容包括读书会的简介、本次所要研学的各景点的介绍、孟子生平、孟子对后世的影响、孟母对孟子的教育、孟子的名篇，以及与之相关的资料，最后是研学知识问答。晚上我们计划在入驻酒店的小会议室进行当天的研学分享以及写作。

此外，我们还安排一位家长制作了每位同学穿戴的印有"知行读书会"字样的黄色马夹。

经过周密的安排，我们提前把印好的研学手册和马夹发到每名同学手里，让他们提前读一读，了解本次研学的内容。其中没有任务的布置。

很快，暑假研学的日子到了，不只是孩子，我们随行的家长也很期待。出发的这天清晨，天空飘起了蒙蒙细雨，尽管有些闷热，但丝毫没有影响我们的心情。在去邹城的大巴车上，孩子们分享了自己对孟子的了解，我们提前设计了一些问题与孩子们互动，大家的兴致都很高，在一路欢声笑语声中到达了目的地。

按照计划，我们第一天要游览邹城博物馆、孟庙、孟府。我们首先来到了博物馆。想全面了解一座陌生的城市，逛当地的博物馆会有深刻的体会。博物馆里展示了"她"的沧桑历史，当地名人、历史事件、文化介绍一览无余，还可以近距离地"触摸"历史遗留的文物瑰宝。

在博物馆，我们请来的老师指着墙上的图和字，系统地讲述了孟子所生活的那个时代的重大事件和文化特点。再结合研学手册，我们对那段历史，对孟子，有了更深的理解与认知。其中，兼任六国宰相的苏秦的成长故事，以及合纵联六国的典故，让我们印象尤为深刻。

除了大家耳熟能详的《孟母三迁》的故事，在博物馆里我们还找到了另外两个著名的教育故事，孟母买肉啖子和断织教子。前者告诫孟子言必信，行必果，后者警示孟子要持之以恒，不要半途而废。孟子后来能成为一个闻名天下的大儒，同他母亲的教育是分不开的。孩子们在聆听讲解的过程中不住地点头，我想这些道理他们是有所领悟的。

也是在博物馆，孩子们知道了《孟子》中所延伸出来的成语和名言名句竟多达上百个，而且好多都是大家耳熟能详的——

杯水车薪；不孝有三，无后为大；不言而喻；出尔反尔；出类拔萃；此一时彼一时；当务之急；独善其身；父母之命，媒妁之言；顾左右而言他；寡不敌众；好为人师；何出此言；尽信书不如无书；乱臣贼子；明察秋毫；茅塞顿开；水深火热；事半功倍；舍我其谁；舍生取义；同流合污；五十步笑百步；为富不仁；心悦诚服；习焉不察；先知先觉；一曝十寒；缘木求鱼；与民同乐；以邻为壑；与人为善；自暴自弃；左右逢源；自怨自艾；专心致志……

想不到吧，竟然有这么多成语出自《孟子》！

离开博物馆，我们来到了孟府，在亚圣殿，老师带领孩子们大声背诵了孟子的名篇《生于忧患，死于安乐》：舜发于畎亩之中，傅说举于版筑之间，胶鬲举于鱼盐之中……清脆的诵读声在空中回荡，是那么庄严肃穆，那么富有力量，似乎把我们带回到两千多年前群雄争霸的战国时代，感染了我们家长，吸引了过往的游客驻足聆听。

最后我们找了个有很多长条椅子的场地，现场分成四组，排演特别精彩的《孟母三迁》故事，家长也参与其中。我这个爸爸扮演了商人，爱人扮演孟子的母亲，儿子扮演小时候的孟子。也有孩子扮演起了孟子的母亲，家长则出演小时候的孟子。所有的家长和孩子都很投入，时而严肃，时而欢声笑语。

结束了一天的研学，晚餐结束后，孩子们开启了分享时刻，不知不觉竟持续了三个多小时，孩子们想说的实在太多了。儿子特地解读了对"穷则独善其身，达则兼济天下"的全新认识，他分享道："正是因为小时候家里极其困难、求学艰难，特别是母亲用心陪伴和教育，孟子才领悟总结出了不得志时就洁身自好，修养个人品德,刻苦读书,得志后造福天下百姓的思想。"这样的一次沉浸式研学,让我们每一个参与其中的人都对"穷则独善其身,达则兼济天下"有了深刻的认识。

第二天上午我们到了峄山风景区。"孔子登东山而小鲁,登泰山而小天下",这里提到的东山指的就是峄山,素有"天下第一奇山"之美誉。在这里,我们让孩子们从五个不同的角度观察五巧石,感受峄山的奇妙。

下午我们到了明鲁王墓,这个地方是儿子向我建议去的,那个时候他对《盗墓笔记》疯狂迷恋,并且自己也写相关题材的《迷失的宝藏》小小说,所以特别想去真实的地宫看看,而鲁王墓是山东仅有的一个保存完好的地宫。根据史料记载,明朝开国皇帝朱元璋第十子朱檀因误入邪路,求长生不老药,毒发伤目,仅活了二十岁。朱元璋得知后认为他的行为荒唐至极,十分恼怒,遂赐他"荒王",以警醒后人。这又让孩子们受到了生动的教育。

在实地边听边看,不仅孩子能充分感受到中国历史的源远流长、中国文化的博大精深,我们大人何尝不是一样接受优秀传统文化的再次洗礼呢!为什么四大文明古国中只有中国,经千年颠沛流离历经磨难而精神不散,历万种灾厄而总能重生,其中一个原因不就是中华优秀传统文化从未中断,一直被传承吗?

邹城的研学之旅,不仅开阔了孩子们的视野,更培养了他们自立、与人和谐交往和外出学习的守礼意识。邹城研学这场"行走的课堂",珍贵而难忘,它不仅是一次收获新知之旅,更是一次荡涤心灵、领悟国学文化的神圣之旅。

3

封侯非我意，但愿海波平
——蓬莱戚继光故居

爱国主义思想从小就应该根植在孩子们心中。

1937年爆发的日本全面侵华战争，以及日军在南京犯下的滔天罪行，时刻警醒着国人勿忘国耻。再向前追溯到1894年的中日甲午大海战，这一段段中国近代屈辱的历史，令人义愤填膺。那么历史上有没有中日交战中国取得伟大胜利令中华民族骄傲的战争呢？这是我经常问儿子的问题，终于他在读《明朝那些事儿》的时候兴奋地告诉我说找到了，那就是明朝嘉靖年间戚继光领导戚家军把倭寇彻底赶出中国的战争。那是多么振奋人心的一段历史啊！

后来我又买来郦波老师写的《大明名臣戚继光》，和儿子一起读。戚继光年少时风流倜傥，很有个性，虽然家境贫寒，却喜欢读书，通晓儒经史籍。后来他入朝当官，被派去抗倭。在吸取了岑港之战的教训后，他在义乌组建了戚家军。自此以后的台州之战、福建之战、兴化之战、仙游之战等大大小小的抗倭战争都取得了胜利，最终把倭寇彻底赶出了华夏大地。后期戚继光镇守的蓟门固若金汤，北蛮无法攻入，于是转而进犯辽东，戚继光率兵增援，协助辽东守将李成梁将其击退。万历十年（1582），朝廷内阁首辅张居正病逝，之后戚继光多次遭人弹劾，先是被调往广东，后来被罢免，回乡后病死。

受这本书的影响，特别是戚继光"封侯非我意，但愿海波平"志向的鼓舞，2016年国庆节前儿子提出想去戚继光故里看看。我先让他从网上搜集资料，看看附近还有什么有名的景点，很快，他便制定出了前往山东蓬莱的戚继光故里和山东威海刘公岛中日甲午海战纪念馆的研学路线。

戚继光故里包括戚家牌坊、戚继光兵器馆、戚府、戚继光纪念馆、戚家祠堂、戚继光大型公众浮雕展示馆等景点。置身其中，缅怀民族英雄的同时，抗倭那段历史深深印在了我们脑海中。值得一提的是，明代嘉靖年间修建的两座御赐牌坊和崇祯年间修建的戚家祠堂保存完整。两座牌坊巍峨挺拔，是国内少见的明代大型石雕珍品。

我们在兵器府看到了戚氏军刀（中国国家博物馆现收藏有一把登州戚氏军刀，刀上部刻有"万历十年，登州戚氏"八个字）、狼筅（戚家军对付倭寇的武器之一，粗有二尺，长有一丈五六尺）、火炮（又称"虎蹲炮"，因其射击的样子像猛虎蹲坐的样子而得名，明朝军队重视火器的使用，曾专门成立了配备火器的部队"神机营"），戚继光的这些发明创造可谓走在了历史的前列。正是有了这些发明创造，他率领的戚家军如虎添翼，百战不殆，所向披靡。参观完兵器馆儿子不无感慨地说："如果清朝能把这些武器发明发扬光大，还哪来那些中国近代历史的遭遇、列强的欺辱啊！"

戚继光撰写了《纪效新书》和《练兵实纪》两部重要兵书。鸳鸯阵、车营，都是他的发明，这些贡献都对近代的军队建设有深远的影响。好多人只知道戚继光是一名抗倭英雄，殊不知他在北部边境抗击北虏的贡献与抗倭的贡献同样名垂青史。戚继光镇守蓟门时期，根据北方游牧民族擅长骑兵作战的特点，建立了车营来克制骑兵。

陪孩子一起阅读戚继光的故事，并去蓬莱感受我们的民族大英雄戚继光生活过的地方，我们收获了很多。我和儿子不由得感叹，戚继光十八岁在这里任登州卫指挥佥事的时候，看到倭寇在山东沿海烧杀抢掠，写下《韬钤深处》，"云护牙签满，星含宝剑横。封侯非我意，但愿海波平"，这是何等的志向与情怀！经此耳濡目染，不用特地去教，孩子心中自然会生发出爱国的种子，成长为一个顶天立地的男子汉。

4
三十功名尘与土，八千里路云和月
——杭州岳飞庙

2015年春节，我们一家第一次自驾长途研学旅行，当时儿子已经上小学三年级了。我们计划前往江苏的盱眙、无锡、南京，浙江的杭州和上海。这个路线是我和儿子一起设计的，第一站盱眙我出差的时候去过，那里是龙虾之都。第二个目的地是太湖边的美丽城市无锡，这个地方我们的主要目标是三国城和水浒城。第三站就是南京的一些著名景点，如博物院、总统府、中山陵、夫子庙、紫金山天文台等。第四站是杭州的西湖、雷音寺、岳飞庙等地。后来天公不作美，到中国第三大岛——上海崇明岛的计划被迫取消。

《岳飞传》这本书儿子在约读书房读书时老师讲过。儿子被深深地吸引，反复读了多次，也是在这本书的影响下，孩子提出想去杭州看看，所以杭州研学最重要的一站就是岳飞庙。

"怒发冲冠，凭栏处，潇潇雨歇。抬望眼，仰天长啸，壮怀激烈。三十功名尘与土，八千里路云和月。莫等闲，白了少年头，空悲切！……"一首《满江红·怒发冲冠》是何等激昂壮烈！

北宋崇宁二年（1103），岳飞出生在一个普通农家。少年时期，他沉默寡言，很有气节，喜读《左氏春秋》《孙吴兵法》等书。曾拜周同为师，学习骑射，能左右开弓。岳飞目睹了金人入侵后人民惨遭杀戮、奴役的情形，心中愤慨，意欲投军，可又担忧老母年迈，妻儿力弱，在兵乱中难以自保。岳母姚氏是位深明大义的妇女，她勉励岳飞"从戎报国"，还在岳飞后背上刺"尽忠报国"（后世演义为"精忠报国"）四字为训。岳飞牢记母亲教诲，忍痛别过亲人，投身抗金前线。

靖康二年（1127）四月，金军从已被洗劫一空的汴京（今河南开封）撤出，满载着金帛、珍宝北上，宋徽宗、宋钦宗和皇室成员、机要大臣、百工等三千余人做了俘虏。北宋就此灭亡，史称"靖康之变"。大家记得《射雕英雄传》中的两位主人公郭靖和杨康吗？其实这两个人的名字就是金庸为了铭记"靖康之耻"而起的。

早先岳飞因收复建康、第一次北伐、收复襄阳等六郡，而名倾华夏。在最后一次北伐中，岳飞率大军连克蔡州、郑州、洛阳等地，正欲乘胜渡黄河灭金之时，宋高宗、秦桧以十二道"金字牌"下令退兵，岳飞孤立无援被迫班师，最后背负一个"莫须有"的罪名被冤杀在大理寺狱中，时年三十九岁。岳飞的供状上只留下八个绝笔字："天日昭昭，天日昭昭！"绍兴三十二年（1162），宋孝宗赵昚即位，岳飞冤狱终得平反。

在岳王庙，我们认真倾听导游的讲解，孩子根据从书上了解的知识不时地跟导游交流。庙门是清代风格，有十根红漆柱子，中间两根上写着岳飞的名句：三十功名尘与土，八千里路云和月。穿过甬道，我们来到了忠烈祠门口，走进大门，看到了岳飞塑像：他头戴红缨帅盔，身着紫色战袍，足登武靴，左手握拳，右手按剑，特别威武。他昂首挺胸，凝视前方，眉宇间透着威严和正气，仿佛正在思考怎样挥师北上收复失地，救民于水火之中。他头顶悬着一块匾，上面写着"还我河山"四个大字。四周的墙上画着岳飞的事迹：岳母刺字、刻苦学习、郾城大捷、被迫班师、风波冤狱等。

走出碑廊，就到了岳飞墓。墓坐西朝东，左边是其长子岳云的墓，岳飞墓的对面有四座跪像，分别是秦桧、王氏、万俟卨、张俊四个千古罪人。

导游讲解完毕，我们又在岳王庙逗留了好一阵子，在儿子的带领下重走了一遍，边走边聊天。

我问儿子："导游讲的与你读的《岳飞传》有什么不一样吗？"

"从书中看到的只是文字、故事，只是知道而已，并没有直观的感受。来到这里，看到岳飞的雕像、看到岳母刺字的画像、看到谋害岳飞的秦桧等人的跪像，感觉像是穿越八百多年立身于大厦将倾的大宋王朝，能深深感受到那段屈辱的历史给华夏民族带来的伤害，对于这样一位英雄人物更加崇敬。"儿子回应道，然后问我，"老爸，你知道岳飞小时候练字的故事吗？"

"还真不知道，你讲来听听。"

于是，儿子看着岳王庙的古迹开始了他的分享："岳飞小时候，家里很穷，靠妈妈给人家做针线活过日子。岳飞很喜欢读书，可是家里穷，上不起学。妈妈有空就教他认字，可没钱买纸和笔，怎么写字呢？有一天，天快黑了，岳飞背着一捆柴火下山，小伙伴喊他一起玩，但岳飞径直走回了家。回到家就请妈妈教他写字，告诉妈妈自己找到练字的方法了。说着他拿出一个大簸箕，飞一样地跑出去，不一会儿就端来了满满一簸箕沙土，上面插着几根细细的柳条。他把沙土倒在地上弄平，然后拿起柳条在沙土上画，这样就可以练字了。后来妈妈每天用柳条在沙土上教岳飞写字，岳飞很用心地学，后来他的字写得越来越好了。"

讲完后，儿子感慨地说："条件这么艰苦，岳飞都能够想办法克服，最终成为英雄，我们更应该珍惜啊！"

"儿子讲得真好，也很有道理，但想要成为像岳飞那样有本事的人，光知道还不够，一定要有持之以恒的行动力和执行力。"我补充道。

儿子听了连连称是。

行走的教育，书本之外的启迪，更能让人感同身受。走出岳王庙，我们的心情是沉重的。岳飞庙的研学之旅，让孩子感受到了保家卫国的责任与担当，"精忠报国"深深刻在了孩子心中；先人的事迹，远比空洞的说教更有力量，让孩子明白了"家国"这样宏大的概念，督促着孩子从小就树立远大的人生理想。

5

欲把西湖比西子，淡妆浓抹总相宜
——杭州西湖

儿子上小学三年级的时候，诵读过苏东坡的几篇诗词，特别是《饮湖上初晴后雨》。"水光潋滟晴方好，山色空蒙雨亦奇。欲把西湖比西子，淡妆浓抹总相宜。"每每诵读起来都感觉特别美，让人不自觉地对西湖心生向往。不只是苏东坡的好多诗词描写过西湖，自古以来，很多大诗人，如白居易、杨万里、辛弃疾、柳永、欧阳修、王维等也都有诗篇来描写西湖的美。"水不在深，有龙则灵。"据说，风流潇洒的乾隆皇帝，每次下江南都会来西湖。

我和儿子对苏东坡了解并不多，2015年春节的西湖之旅，我们是奔着西湖的美景去的。听导游讲，我们今天所看到的西湖，其雏形就是苏轼在杭州为官时，带领当地百姓兴建的。苏轼一生颠沛流离，但每到一地都能活出别样的精彩。

在西湖游览的那天早晨有轻雾，远处的山在烟雾笼罩下时隐时现,这朦胧的景色让人仿佛到了仙境,那句"山色空蒙雨亦奇"真是最美的诠释;到了九点多,天放晴,我们才见到了西湖的全貌,"她"面积很大,三面环山,水波荡漾,在阳光的照耀下,光彩熠熠,正可谓"水光潋滟晴方好",美得不可方物。两句诗词所描绘的,我们全都体验了。

我们跟随导游来到了苏堤。苏堤在西湖的西侧,全长大概三公里,取名"苏堤"是为了纪念苏东坡治理西湖的功绩。元祐四年(1089),苏轼升任杭州通判。当时的西湖,由于长期没有疏浚,淤塞过半,湖水干涸,湖中长满野草,严重影响了农业生产。苏轼来杭州的第二年率众疏浚西湖,动用民工二十余万,恢复旧观。他把挖出的淤泥集中起来,筑成一条纵贯西湖的长堤,由六桥相接,以便行人,后人名之曰"苏公堤",简称"苏堤"。"苏堤春晓"是著名的西湖十景之一,在春天的清晨,烟柳笼纱,波光树影,鸟鸣莺啼。苏轼一生筑过三条长堤,因而有诗云,"东坡处处筑苏堤"。

游览完苏堤,我们来到了"三潭印月"观赏处,观赏西湖最具标志性的景观。"湖中有岛,岛中有湖","田"字形布局,这里是江南水上园林的典范。相传苏东坡曾在岛南湖中建成三座石塔,这些石塔塔腹中空,球面体上排列着五个等距离圆洞,若在月明之夜,洞口糊上薄纸,塔中点燃灯光,洞形映入湖面,便会呈现出许多月亮,真月、假月之影难以分辨,景色十分迷人,故得"三潭印月"的美名。

苏堤和"三潭印月"给我们的印象最深,也是导游讲解得最详细的两个景点。我和儿子不禁感叹,正是这样的美,才会让苏轼忍不住将西湖与美人西施做比吧!淡妆也好,浓抹也罢,总能烘托出她的天生丽质和迷人神韵。

  除了美景，西湖之行还有一个意外收获：听了导游妙趣横生的讲解，儿子对苏轼产生了浓厚的兴趣。回到家后，便拿起《苏东坡传》，手不释卷，持续阅读，甚至写了一篇《相逢是首歌》的作文来表达对苏轼的崇敬之情。

  在儿子的影响下，我也跟着读起来。"此心安处是吾乡"深深震撼了我，抚慰了我的心境。我从东北来到济南，不也是先要把心安放下来，把济南当作自己的故乡，在这里创业安家吗？之后，去四川旅行时，我们又专程去往眉山三苏祠——苏轼小时生活的地方，进一步走近苏轼。读过的书，行过的路，遇见的人，就是你的人生格局，阅读与行路让我们的人生变得厚重，世界变得开阔，前行更加坚定。

6

求是创新，追求卓越
——杭州浙江大学

　　到一座城市，大学是最美的风景，每一所大学独特而深厚的文化底蕴对孩子的成长有一种正向光明的影响，是孩子开阔眼界、增长见识的绝佳选择。尤其是一些百年名校，走进它们，徜徉其中，感受它们的文化积淀，孩子心中不自觉地就会升腾起向往之情，进而埋下一颗为梦想而努力奋斗的种子。

　　多年来，只要是所去的城市有"双一流"大学，我就会带孩子去看看转转，给孩子讲讲大学的文化和历史。粗略算来，这些年我们去过的学校着实不少，如自强不息、止于至善的十大最美校园之一厦门大学，思想自由、兼容并包的北京大学，学无止境、气有浩然的山东大学，求实创新、励志图强的吉林大学，饮水思源、爱国荣校的上海交通大学，海纳百川、有容乃大的四川大学，耐苦劳、尚俭朴、勤学业、爱国家的重庆大学，以及国外的新加坡国立大学。

值得一提的是2015年春节的浙江大学之行。在那里，孩子对大学校园有了全新的认知。浙江大学创建于1897年，坐落于浙江省杭州市，是教育部直属、中央直管副部级建制的一所综合性重点大学，曾被誉为"东方剑桥"，位列"211工程""985工程""双一流"重点建设院校，是全国首批深化创新创业教育改革示范高校。浙江大学拥有多个校区，我们所参观的是浙江大学最老的校区玉泉校区。

浙江大学玉泉校区位于西湖西北角，紧邻杭州植物园。玉泉校区面积很大，总面积达1700多亩，依山而建。一进校园，就被绿所包围，两侧遮天蔽日的香樟树，绿得发亮的圆形大草坪，每一眼都让人心旷神怡。目前玉泉校区主要以理工科专业为主，理学院、电气工程学院、机械工程学院、能源工程学院、材料与化工学院、信息科学与工程学院、建筑工程学院、生物医学工程与仪器科学学院等都在这个校区，所以男生居多，校园里行色匆匆的男生是一道风景。

进入校园有一条长长的甬道，站在路口根本看不到尽头。与很多学校一样，校区中轴线上伫立着一座毛主席雕像，庄严肃穆，时刻提醒学子们认真学习。左右两侧排列着六栋教学楼，教学楼的设计中西结合，古朴典雅，又不乏力量感。这也是玉泉校区的主体建筑，是学子们日常学习的主要场所。

当然最美的风景线不能缺少图书馆，也是此行我们印象最为深刻的地方。该馆是我国历史最悠久的大学图书馆之一，其前身是1897年的求是书院藏书楼，馆藏资源非常丰富，尤其是老书特别多。图书馆建在山顶上，破破旧旧的，给人一种陋室惟吾德馨的感觉。图书馆前面有一尊竺可桢老校长的雕像,让人不自觉地想起竺老"到浙大来做什么?将来毕业后做什么样的人?"的经典两问。除此之外,校园内还有多个功能不同的运动场地。

畅游在名校校园里,孩子的感受十分特别:那么高的实验楼,那散发着书香的图书馆,要是能来这样的地方读书学习该是多么骄傲的事啊!大学给了他方向的指引,让他对学业有了更深刻的认识,引导他树立更明确的求学目标,激励着他一步步向着自己的理想努力攀登。

7

生命有长短，命运有沉升
——詹天佑与京张铁路

我上学时就学过詹天佑修建京张铁路的课文，现在的人教版语文课本中依然有詹天佑修建京张铁路的故事。如今，科技发达，中国国力强盛，早已不是过去那种没钱没技术的面貌，中国高铁领跑世界，大大方便了人们的出行。虽学过詹天佑修铁路的课文，但我对他的了解不多，对他的成长经历更是知之甚少。是郦波老师的《曾国藩家训》，丰富了我对詹天佑的认知，让我渐渐了解了詹天佑的很多事迹，以及他身上值得每个人学习的精神。洋务运动中，曾国藩识人用人独具慧眼，起用了当时大多数人并不看好的从美国留学回来的容闳，并花费重金从美国引进生产机器的"母机"，吹响了中国近代史上声势浩大的洋务运动的号角，而容闳又培养了中国铁路之父詹天佑。我把曾国藩、容闳、詹天佑这三位伟大人物串起来讲给儿子听,如现在的耶鲁大学依然悬挂着容闳的画像供人瞻仰,詹天佑十二岁跟随中国留学生之父容闳留学美国,1878年考取容闳曾经就读的耶鲁大学,专习铁路工程……儿子听完这些后说将来一定去美国的耶鲁大学看看。耶鲁遥远,但张家口火车站近啊,于是,我便和儿子商量一起去看看一百多年前詹天佑主持修建的张家口火车站。

就这样,2015年国庆节,我们去河北省张家口火车站旧址寻访。火车站修建于1909年,为京张铁路终点站。京张铁路为詹天佑主持修建并负责的中国第一条铁路,它连接北京丰台区,经八达岭、居庸关、沙城、宣化等地至河北张家口,全长约两百公里,1905年9月开工修建,1909年建成,时间不满四年。这是中国首条不使用外国资金及人员,由中国人自行设计、投入营运的铁路。

然而,当我们驱车来到张家口探寻一百多年前的火车站旧址时,居然找不到,这让我们不禁心生感慨:曾经让国人那么自豪的地方居然这么快就被遗忘了!

我们边问边找,经过多方打听,终于找到了弃用多年的张家口火车站。一百多年前的灯依然挂在墙边,整个火车站写满了历史的沧桑。让人欣慰的是,很多百年前的东西都保留了下来,看着看着,我们仿佛回到了百年前的清末民初,看到了人们在火车站奔忙的身影。

1919年4月24日,"中国铁路之父"詹天佑逝世,享年五十八岁。他生前留下的那段话,至今振聋发聩:生命有长短,命运有沉升,初建路网梦想的破灭令我抱恨终天,所幸我的生命能化成匍匐在华夏大地上的一根铁轨……他的愿望就是:今后,中国也要有火车、轮船。詹天佑身上体现出的那种奋发图强、自力更生、不怕困难的爱国精神激励着几代人砥砺拼搏,共克艰难。如今,后世人不负嘱托,终于完成了他的遗愿,让中国高铁遍布祖国的大好河山,实现了我们先人所难以想象的便利交通。

  正是有了先行者的奠基,才有了我们今天的后来者居上,让我们永远记住这个响亮的名字"中国铁路之父"——詹天佑!

8

为往圣继绝学，为万世开太平
——曾国藩与河北保定直隶总督署

郦波教授的《曾国藩家训》，我读过好多遍，儿子受我的影响，也时常翻阅，并同我一起探讨。正如三毛所言，一个人读过的书会内化在他的气质和谈吐上，显露在生活和文字中。同曾国藩对话，确实深深地改变了我。

《曾国藩家训》中提到的直隶总督署，位于河北省保定市，是现今保存最完整的清政府衙门。这里一直是清代直隶省军政枢纽机关所在地，历任总督七十四人，基本上均在此办公、居住，像李卫、琦善、曾国藩、李鸿章、荣禄、袁世凯等我们所熟悉的清代名臣都曾坐镇于此。这座省府衙门承载着七十四位总督的功过是非，清代许多重大历史事件都与其有着密切的关系，堪称清王朝政治、经济、军事、文化的缩影，真可谓"一座总督衙署，半部清史写照"。

直隶地处京畿要地，拱卫京师，地理位置极其重要，因之直隶总督名列全国八督之首，权重位显。曾国藩曾经在这里担任总督一职，这里保存了好多曾国藩家训的一手资料。他的"无一日不读书，吾日三省吾身"的处世之道影响深远，毛泽东和蒋介石都曾把《曾国藩家训》作为枕边书。

对曾国藩了解得越多，就越想去他生活过的地方亲身体验、感受一下，2016年春节假期，我们到了离济南不远的河北省保定市直隶总督署博物馆。

总督署坐北朝南，大门上方正中悬一匾额，上书"直隶总督部院"。衙前两根旗杆分立两旁，由民国年间直鲁豫巡阅使曹锟初建（复建于1994年），各高33.6米，为全国古建旗杆之最。院内有数十株粗大的桧柏，冬季，数百只猫头鹰栖息其上，"古柏群鹰"为衙内一景。

总督署大堂是个五开间的建筑，大堂正中有一座屏风，屏风上绘有丹顶鹤、海潮和初升的太阳，是一品文职大员的象征。该堂是举行重大庆典活动的场所，大堂明柱上悬挂着醒目的抱柱联，其中有直隶总督李鸿章七十大寿时光绪皇帝及慈禧皇太后所赐的联匾。

二堂又称"退思堂""思补堂"，是总督日常办公和接见外地官员的地方。堂内悬有"政肃风清"匾额，正中竖一木雕三扇座屏，中间雕有麒麟，象征一品武职大员。

二堂之后是内宅，包括三堂和四堂。三堂又称官邸，是总督的书房和内签押房（办公室），历任总督习经练字、著书立说，主要就在这里。四堂又称上房，这里花木繁茂，是总督及其家眷生活居住的地方。

来这里研学，我主要是想和孩子一起追寻曾国藩成长的足迹，探究他成为晚清中兴名臣之首背后的原因。他是中国历史上真正"放眼看世界"并积极实践的第一人，中国第一艘轮船、第一所兵工学堂都是他的功劳，第一批西方书籍的翻译、第一批赴美留学的安排也都与他有关。他用"结硬寨，打呆仗"这种看似很笨的方法击败了太平军，使清政府的生命又得以延续了几十年。

曾国藩为何能取得如此大的成就，他有什么过人之处吗？我们先从曾国藩的一个小故事说起。曾国藩的天赋并不高，甚至可以说是比较笨，学习起来非常吃力。一天晚上，他在家里读书，有一篇文章他重复读了很多遍，可就是背不下来。他就一遍一遍地读，一遍一遍地背。夜已经很深了，他仍然记不住。这可急坏了一个人。原来，他家来了一个小偷，这个不速之客就潜伏在他书房的屋檐下，想等他读完书睡觉之后进屋偷点东西。可是小偷等啊等，就是不见曾国藩睡觉。他实在等不下去了，就十分生气地跳进屋子，对曾国藩说："就你这么笨还读什么书？我听都听会了！"贼人将那篇文章从头到尾背诵了一遍，然后扬长而去。

从这个小故事足以看出曾国藩少时并不聪颖，也再次证明了他的成功与他的勤奋，与他的三省吾身、无一日不读书等有巨大关系。除此之外，对曾国藩的一生影响深远的还有他两次会试失利后回老家的那段万里行路的经历。

道光十五年（1835），全国学子迎来三年一度的会试，纷纷进京赶考。来自湖南湘乡的考生曾国藩，也在进京的队伍之列。到了北京，曾国藩没有住在旅馆，而是住进了长沙会馆。会馆出现于明末清初。当时，在科举制度的带动下，全国学风很浓，每到会试之年，全国各地的学子就云集于京城。学子背井离乡，难免会遇到受人欺负的事情，后来，由各地在京城经商、做官的人牵头，筹措资金，置办房产，供来京参考、谋事的同乡居住。"亲不亲，故乡人。"当同乡来入住时，会馆收费就比较便宜。当同乡遇到困难时，会馆还会积极协调解决。因此，会馆成为进京参考学子的首选。1835年3月，会试如期进行。曾国藩考试完毕，感觉还不错。但考试成绩却不理想，曾国藩名落孙山，落榜了。

理想是丰满的，现实却是残酷的。曾国藩不得不接受残酷的现实。如果是以往，他只能收拾行李回家，三年后再来参加下一次会试。可这一次，曾国藩没有回去。因为他的运气实在好——第二年，即1836年，皇太后六十大寿，按照惯例，这一年要增加一次乡试和会试，即"恩科"。于是，曾国藩就留在北京，继续复习功课，等待第二年的恩科会试。然而，经过长达一年的复习，第二年的会试他依然没有考中。

这不能不说是一个严重的打击。曾国藩灰溜溜地回到会馆，准备回家，却遇到了麻烦：没路费了。曾国藩当年赴京参加会试，家里准备了不少钱，足够他在北京生活一段时间。可是，谁也没有预料到，他一住就是一年多，身上的银两所剩无几。没有盘缠，怎么回家呢？情急之下，曾国藩想到了一个叫易作梅的人。易作梅是江苏睢宁的知县，也是长沙湘乡人，与曾国藩父亲的关系极好。于是曾国藩辗转来到睢宁，找到了易作梅。

易作梅见曾国藩谈吐不凡，料想日后必成大器，没等他开口，便主动借了一百两银子给他，当时县令一年的俸禄也只有四十多两。有了一百两银子的曾国藩并没有按照原计划回家，而是将六朝古都南京游览了一番。在那里，他发现了一套精刻版的《二十三史》。曾国藩爱不释手，最终花光了这一百两银子。

当他衣衫褴褛地回到家，见到阔别许久的父亲时，才意识到问题的严重性：两次会考失败，花光了所有钱并欠下一百两银子的巨款，肯定会受到指责。他做好了挨训的准备。可当曾国藩把这次的经历一五一十跟父亲说完，父亲并没有责怪他，而是跟他说："买书是好事，爹会给你偿还，你要细心研读，别忘记买书的初衷。"曾国藩听了，内心受到极大的鼓舞，心里默默发誓，一定要好好读书，对得起自己买的书。接下来的两年，他认真研读《二十三史》，为日后的功名打下了坚实的基础。

曾父的教育，让曾国藩的心灵受到极大震撼，对他今后的为人处世产生了重大的影响。这带给我们什么样的思考呢？

第一，要充分理解孩子。曾父知道孩子没有考中进士，内心肯定非常难过，所以在曾国藩回到家后，并没有责骂他，甚至都没有提科举考试这件事，这让曾国藩的内心深受感动。

第二，对于读书的重视。曾国藩将借来的盘缠买书，说明他是渴望阅读书籍的。曾家的家训是耕读传家，曾国藩买书，对于他父亲来说，应该是一件让他感到非常开心的事，于是曾父借机叮嘱他一定要细心研读，不要辜负买书的初衷。

第三，言传身教的榜样。曾父的做法，对曾国藩影响深远，后来他把这种理念用到了自己孩子身上。在那个年代，参加科举考试可以说是唯一的出路，但是曾国藩的儿子曾纪泽考了一次之后，就说不想考了。曾国藩问他想干什么，他说想学习西学，曾国藩非常支持。最后，曾纪泽成了非常著名的外交家。

从曾国藩的这段人生历程来看，千里行路对他一生的影响可谓举足轻重，而他父亲曾麟书对他的教育亦至关重要。三年后，曾国藩终于考取了进士，从此踏上了仕途，践行了"为天地立心，为生民立命,为往圣继绝学,为万世开太平"的伟大理想,获得了成功。

　　之所以拿这么长的篇幅讲曾国藩的故事,是因为这对我的启发极大。我们当父亲的是不是更应该学习曾国藩的父亲呢?看到孩子的努力,永远做那个给孩子希望的人,给孩子提供帮助,激发孩子的斗志,做孩子成长的守望者。当孩子考试没有考好时,我们应该怎样应对?相信读完上面的文字,你会有自己的答案。

第三章
科技之旅——唤起探索求知的欲望

徜徉于科技馆、气象馆,近距离观察实物,能真正激发孩子内心的热爱,唤起他们探索求知的欲望。

1

中国现代天文梦开始的地方
——中国科学院紫金山天文台旧址

2015年春节华东研学之旅,我们特意设计了去位于南京的中国科学院紫金山天文台(以下简称"紫台")参观一站,这是儿子最期待的。

这天早上,我们乘坐缆车前往紫台旧址。紫台旧址位于紫金山第三峰上,一路上因为雾较大,我们仿佛到了仙境,登上手可摘星辰的高空。

紫台前身是成立于1928年的国立中央研究院天文研究所,1950年更为现名,它是我国自己建立的第一个现代天文学研究机构,被誉为"中国现代天文学的摇篮",曾获"东亚第一"的美称。紫台中藏有我国古代珍贵的天文仪器,还拥有我国自制的六十厘米口径的折反射望远镜等许多现代化的天体测量仪器和设备。当各式各样的天文仪器展示在面前时,我们感到十分惊奇,儿子更是万分高兴，盯着一件件仪器，听工作人员讲解仪器背后的秘密。

1928年建台之初，南京市光污染并不严重，紫台上架设的六十厘米口径的折反射望远镜基本可以满足观测要求。随着时间的推移，特别是1985年之后，城市现代化程度不断增强，灯光照明不断升级，紫台已不再适合大型光学望远镜的观测，目前主要保留射电频谱仪和红外光谱仪进行针对太阳的观测。2014年7月，紫台旧址被国务院列为全国重点文物保护单位。2017年3月28日，紫台旧址被国家旅游局、中国科学院推选为"中国首批十大科技旅游基地"。

观测室前，立着石砌中式牌楼，覆蓝色琉璃瓦。当时建造天文台是为了发展中国的天文事业，因而要求天文台要按中式风格设计。所以建成的紫台除了观测天空的屋子是圆顶，整个景区中式建筑特色浓郁。在观测室里，有一架1934年从德国进口的600mm反光望远镜，现已"退役"，仅供游客参观。

古代天文仪器展示区，是紫台的精华。有外形类似于地球仪的天球仪（又叫天体仪），上面嵌满星辰，原物毁于列强侵华时期，现在看到的是1903年清政府复制的；有外形像几个行星运动的圆形轨迹互相嵌套的浑仪和简仪，都是明正统年间铸造的……测量天体位置的精准，以及仪器上的龙形雕塑和架子上的云纹，都让人叹为观止。此外，在展示区还能见到靠日影测时间的圭表、清政府于20世纪初复制的测坐标的地平经纬仪。

古代天文仪器边上有间名为"子午仪"的屋子，里面主要陈列了铜壶滴漏、秤漏、现代航海钟等计时装置。另外，景区还有星座、星云、天文观测的图文介绍，陈列小型望远镜的小展馆。

一路走来，我们还路过了天堡城遗址。天堡城是太平天国修筑的要塞，现已不见当年的风采。爬到楼顶的平台，可俯瞰南京城，西望是著名的玄武湖，适合拍照。

无论是否喜欢天文，仰望星空，孩子一定会在心中种下一颗探索浩瀚宇宙的种子。这一点在儿子身上得到了印证。那次旅行回来后，他狂热地喜欢上了伟大物理学家霍金和他的《时间简史》。

2

科技强国——汽车之都长春

儿子从小就喜欢汽车，走在路上经常会指着车标问我，这是什么车，那是什么车。后来他自己开始看相关的图书，世界上绝大部分车他都一清二楚，很多我都不知道，还得向他请教。我们早就达成了共识：自驾去汽车之都参观。2018年暑期，这个愿望终于实现了，我们一家三口开车去长春中国第一汽车制造厂（下文简称"一汽"）参观。

长春历来有"汽车之都"的美称，这里曾诞生了新中国第一个汽车制造厂和第一辆汽车，被誉为新中国汽车工业的摇篮。1950年3月中央重工业部成立汽车工业筹备组，开展建设第一汽车制造厂的前期准备工作。随后，第一汽车制造厂列入1953年开始的第一个五年建设计划重点项目。功夫不负有心人，经过三年的技术攻关，1956年7月14日，一汽总装线上开出了由中国人自己制造的第一批"解放"牌载货汽车，结束了中国不能造车的历史。解放——这个由毛泽东主席命名的中国第一汽车品牌,开启了中国汽车制造的历史航程,也开创了中国汽车的"解放时代"。1958年第一辆东风牌轿车研制成功,同年第一辆红旗牌高级轿车下线……这些不断夯实中国汽车工业的第一次"奇迹",都与长春和一汽血肉相连。

我们到达一汽公司总部时天气晴好,漂亮的双子楼在蓝天下更显恢宏气派。为防止配件外流,游客不许到内部参观。在门口短暂停留后,我们参观了"大众"汽车生产厂,厂房规模庞大,一眼望不到边,在外围走一圈要花好长时间。因为厂房大,厂房内都是靠车通行。厂内有好多门,在201号门前有一个几十米高的纪念碑,上有江泽民主席书写的大字——建设现代化汽车工业基地。之后,我们又去了"奥迪"汽车制造厂、"解放""一汽"制造厂,并在毛主席题词的"第一汽车制造厂奠基纪念"碑前拍照留念。

改革开放以来,中国的汽车工业得到了飞速的发展,现如今轿车早已经走进千家万户,成为普通人的代步工具。汽车城长春也完成了从中国第一到中国最大的蜕变。在汽车城,看着中国汽车工业短短几十年取得惊人的成绩,我们内心充满了自豪。科技强国,科技确实改变了人们的生活,但同时我们也必须看到,现在中国的汽车技术依然存在很大的上升空间,一些核心技术依然掌握在西方发达国家手中,中国的汽车强国梦需要一代又一代科技人才的砥砺拼搏才能实现。"每天进步一点点",不怕苦累,顽强拼搏,这是每一个汽厂人的坚守,希望儿子这一代人能内化于心,再创中国汽车行业的辉煌!

3

海上霸主，舍我其谁
——滨海航母主题公园

  估计没有多少男孩子会不喜欢军事，我儿子也不例外，小时候买装备玩具，大一些了买模型，相关的图书更是一大堆，尤其是有关第二次世界大战的更是数不胜数。儿子特别喜欢看军事理论家、评论家张召忠的节目，跟我聊他的时候称他为"局座"。除了这些，他还喜欢看与战争有关的影视片、纪录片，不光看，他还研究，像日本偷袭美国珍珠港击毁的航空母舰、美日中途岛大海战的航母等，他都饶有兴致，说起来头头是道。

  2017年寒假前夕，我和儿子开始策划春节的自驾研学行程，最终我们确定了环渤海湾一路向北到天津大沽口炮台、滨海航母主题公园、北戴河、山海关、唐山、遵化清东陵的旅游路线。这个计划中既包括儿子最喜爱的航母公园，也有我一直想去的清东陵。

  2017年1月29日大年初二这一天，我们一家三口自驾开始了为期一周的文化之旅。因为儿子对第二次世界大战颇有研究，对于航空母舰、飞机、坦克近乎痴迷，滨海航母主题公园便成为我们这次文化之旅的重点。

在滨海航母主题公园，我们详细参观了从苏联退役的"基辅号"航空母舰。走进航母内部，我们真是大开眼界。与战争和军人生活相关的设施应有尽有，酒吧、桑拿房等都配备齐全。由此可知军人的海上生活并不枯燥。航母内战争所用的武器也十分完备，当时导弹的存放数量也十分惊人。甲板上停放着很多架战机，一副蓄势待发的模样。航母真是个巨无霸，我们参观的时候机库和上面两层都没开放，即便如此，我们花了半天时间才参观完。

"基辅号"航母是苏联"基辅"级航母的首制舰，于1970年开始建造，1975年建成服役，1994年退役。它曾经是令世界瞩目的海上巨无霸，西方世界畏之如虎的海上杀手。服役期间曾出访印度、朝鲜和阿尔及利亚等国，被誉为"水晶理想""国家名片"。

这次"基辅号"航母的参观让儿子大饱眼福。五个小时的时间里，他滔滔不绝地说着自己了解的相关知识，对比中国和美国目前航母存在的差距。让我记忆犹深的是，他对美国航母的发展历程如数家珍，美国的舰载机从螺旋桨飞机到喷气式飞机再到无人机，动力从常规动力到核动力，吨位从1万吨到10万吨，起飞方式从滑翔起飞到弹射起飞，他无一不知。

在说到我国航母现状时，他有着清醒的认识：虽然我们目前落后，但近几年我国的航母发展突飞猛进，已取得了可喜的成绩，与美国的差距正逐渐缩小，将来一定能赶超美国。听着他的述说，望着他小眼睛里那坚定的目光，我深深地感动了：少年强，则国强。再经过几代航母人的不懈努力，相信我们一定会制造出世界一流的巨无霸舰队！

第四章

文化古迹之旅——触摸中华五千年的文化瑰宝

文化有超越时空的力量,我们五千年的文明历程中,留下了大量的瑰宝,去古人生活过的地方感受一下,踩一踩古人踏过的石头,看看地下发掘的文物,让奔腾不息的民族精神,在我们的血液中流淌。

1
三大始祖齐聚此，千古文明开涿鹿
——张家口涿鹿三祖圣地

无根之木不活，无源之水不流，先祖是我们灵魂的根基，让我们有底气走得更远。

2015年国庆节，我们来到了河北涿鹿矾山镇遗址，来到了华夏文明之主生活过、战斗过的热土。一踏入这里，耳畔仿佛回响起了4000多年前涿鹿之战的厮杀声。

相传为了争夺适于放牧和浅耕的中原地带，黄帝与炎帝两部族联合与蚩尤部族进行了一次大规模战争，最终以炎黄联盟的胜利而告终。

此战极大促进了古代华夏族由远古时代向文明时代的迈进。黄帝战胜蚩尤后，各诸侯都愿归顺，一致拥戴他为天子。自此，华夏文明进入了一个新的历史时期。特别是对今天的汉族来说，则更具有开天辟地的意义。如今汉族人口占全国人口的91.11%，约占世界总人口的19％，不得不说这与华夏始祖黄帝的功绩有一定关系。涿鹿战争后，随着黄帝对周围部族影响力的扩大，华夏族在其他氏族中的影响也随之增大。华夏族日益发展壮大，人口不断增多。

可以说，涿鹿之战有力地奠定了华夏民族在广大中原地区的统治，并推进了其他各部落之间的融合。带领族人取得这场战争胜利的部族首领黄帝从此成为中华民族的共同祖先。

带着对黄帝的景仰之情，我们先后参观了中华三祖堂、黄帝泉、黄帝城遗址、轩辕湖、中华合符坛，在导游的详细讲解下，对4000多年前的那段历史有了更深的了解。

黄帝城遗址位于涿鹿县矾山镇西两公里处，呈不规则正方形，长宽各五百米，城墙系夯土筑成。现存城墙高三至五米，南、西、北城墙尚在，东城墙浸于轩辕湖中。黄帝城遗址内，有大量陶片，除少量夹砂泥质粗红陶外，大部分是泥质灰陶和黑陶。望着眼前的残垣颓壁，我们很难想象中华五千年的文明竟是从这座残破的古城堡起步的。

黄帝泉，在史书中最早记载为阪泉，又有黑龙池之称。此泉为天然冷泉，泉水为地下1700米—5000米的深层水，此泉冬不结冰，夏不生腐，水温常年保持在12.5℃—13.4℃之间，而且久旱不干枯，日流量为4666吨—4925吨，可供万人饮用，还可以灌溉万亩良田。水下的七个泉眼呈北斗七星状排列。据专家测定，黄帝泉含锶质，重碳酸，属钙镁型天然优质矿泉水，常饮此水可保健身体，滋润肌肤。

中华三祖堂位于轩辕湖以东、黄帝泉北两百米处，是中国黄帝城文化旅游区的中心景点。殿内三位祖先的塑像姿态各异，栩栩如生,居中的黄帝气宇轩昂,右侧的炎帝睿智儒雅,左侧的蚩尤勇武彪悍,塑像高约六米,全部由泥土塑成。

如今,中华三祖堂已成为对子孙后代进行爱国主义教育、增强民族凝聚力的理想之地。同时,这里也是中华儿女和海内外爱国人士拜祖敬香、祭祀怀古的圣地。

2
东临碣石,以观沧海

儿子 2015 年去了三国城之后,对《三国》里的人物及故事便十分入迷,特别是对曹操,简直情有独钟。虽然一些史书上对曹操褒贬不一,他却不盲从。说起来,碣石山之行也是源于他对曹操的钟爱。"东临碣石,以观沧海……"一首《观沧海》尽显曹操的一腔热血和雄心。读后,儿子不免好奇,到底是怎样的一番景象,能让一代枭雄曹操如此感慨,写下了流传千古的诗篇。2017 年寒假外出研学时,我们特意设计了河北秦皇岛一行,终于如愿以偿,登上了碣石山。

碣石山位于河北省秦皇岛市昌黎县城以北,是历史名山,虽在五岳之外,却有"天下神岳"的美誉。这里四季分明,日照充足。山顶形貌奇特,南北两座山峰对峙,有层峦叠嶂之感;从南边望去,恰似一块凌空拔起的柱石立于石壁,故有"碣石山"之称。秦始皇曾亲临碣石山,勒石计功,并祈求长生不老、江山万代，他让人刻《碣石门辞》，赞颂他统一天下的丰功伟绩。自秦始皇后，许多帝王纷纷效仿，包括汉武帝、魏武帝、隋炀帝、唐太宗等九位帝王登临。然而，让碣石山名垂千古的，却是曹操的《观沧海》一诗。此诗为曹操北征乌桓班师途中所作，碣石山顶的壮阔景象让诗人胸襟起伏，那些优美的诗句喷薄而出。

古人列有碣石山十景，其中以"碣石观海"最为壮观。这也是此行我们最期待的。我们登上了主峰仙台顶，往正东方向极目远眺，万里长城的起点——山海关老龙头模糊可辨；向东南方向俯瞰，渤海如同一面巨镜横嵌在巨大的苍穹下，波涛汹涌如在眼前翻卷，片片帆影历历在目；由东转南寻望，波光潋滟的七里海和如银带般的滦河尽收眼底；转身往东北方向远眺，燕山山脊蜿蜒起伏，长城雄姿若隐若现……在仙台顶上举目四顾，方圆一二百华里的景物尽收眼中；在其上观海，颇有古人所描绘的"巍巍高矗势凌天，俯瞰沧浪气万千；众水朝宗来眼底，层云出岫荡胸前"之感，顿时沉浸于曹操《观沧海》的雄浑、壮美的诗境。

作为政治家与军事家的曹操，虽然是失败的，然而作为文学家的曹操却是一流的，他所创作的诗篇惊艳千古。如"老骥伏枥，志在千里""山不厌高，水不厌深""对酒当歌，人生几何"……这些诗句，表达了他虽身陷乱世却内心壮阔的强大生命力。许多史书多以军事和政治上的失败来论曹操的功过是非，而有意无意忽略了他作为文化巨人留下来的宝贵财富。如今，历经岁月的风吹雨打，来碣石山乞求长生不老的帝王早已成为人们的笑谈，唯有曹操和他的《观沧海》激励着人们奋发向前。当我们也站上曹操当年登临过的那块石头时，便明白了，成长不正是需要找到那块垫脚起跳的台阶吗？

3

两京锁钥无双地，万里长城第一关
——秦皇岛山海关

"两京锁钥无双地，万里长城第一关"，山海关是万里长城东部起点的第一座关隘，依山傍海，易守难攻，扼守辽西走廊、护卫华北平原，是明朝京师——北京的重要屏障，素有中国长城"三大奇观之一""天下第一关""边郡之咽喉、京师之保障"之称。

2017年2月1日，我们一早就来到了心仪已久的山海关。它东边是海，西边是山，因此被称作"山海关"。山海关是中国关内和关外的分界线，出山海关向东北方向就是关外，南边就是关内，闯关东就是以此为界。

山海关始建于明成祖朱元璋时期，由重臣徐达指挥修建，是明朝防御的重要关口。山海关城垣周长4727米，城高14米，厚7米，包含四座主要城门和多种防御建筑。其中比较有名的有"天下第一关"箭楼、靖边楼、牧营楼、临闾楼、瓮城以及1350延长米的明代平原长城等景观。

  站在宽阔的广场上,我们抬头仰望,只见青砖碧瓦,斗拱飞檐,蔚为壮观,"天下第一关"五个大字高悬于正东楼檐下,铁划铜钩,浑厚苍劲,与城楼风格浑然一体,青灰色的城墙蜿蜒起伏,向远方延伸。登上城楼,庞大的关隘城防体系尽收眼底,正东楼、靖边楼、牧营楼、威远楼等一字排开,气势雄伟,我们不由得感叹,"万里长城第一关"果然名不虚传。这么坚实的关口和城墙想要攻破实在是太难了!如果不是明朝的吴三桂"冲冠一怒为红颜"打开了城门,大清王朝可能就不会建立了。如今,游人如织,早不见了当年的刀光剑影、硝烟弥漫,在祖国强盛、民族复兴的今天,它早已成为沟通世界的桥梁。

  这次山海关之行,我们增长了知识,开阔了眼界,最重要的是我和儿子真切地感受到了文字背后的那份感情和力量,感受到了历史上汉文明与草原文明之间的斗争与融合。

4

一朝入西安，一日懂千年——西安

我们的计划

古都西安是我和儿子心心念念很久的旅行胜地，经过精心的策划，我俩最终确定了2019年春节的研学行程。这次研学前的准备功课做得很充分，这让我们对此次出行有了很大的期待。

我们计划从济南向西行，第一站先去位于山西省高平市的"长平之战"遗址，去探寻冷兵器时代世界历史上最惨烈的战争。同时，也去寻找当地的名吃"白起肉"（高平烧豆腐）。

第二站计划到山西永济市的鹳雀楼。

第三站则是此次行程的重头戏，要到西安临潼区秦始皇陵、兵马俑坑、西安事变遗址，这些地方也是孩子梦寐以求多次提出要去的。

第四站计划到陕西省会西安，到博物馆、大雁塔、西安交通大学看看。

从西安返回我们就不走回头路了，计划从河南返程。沿线路过河南洛阳，所以去龙门石窟看看，然后去开封，最后由菏泽回济南。

史上最惨烈的冷兵器战争——长平之战

2019年2月6日，我们赶了一天的路，直到下午4点多才到达山西省高平市。路遇炎帝陵属意外发现，一家人顾不得疲惫停车参观。这也是自驾旅游的乐趣，常会有意外之喜。炎帝陵位于高平市东北十七公里处的庄里村，那里山川秀丽，风景优美，陵区周围东、西、南三面沟壑纵横，北面丘陵起伏，青山映翠；西望羊头山，巍然挺拔，南眺丹河谷地，云蒸霞蔚；小东仓河涓涓地在脚下流淌。我们中华民族的始祖炎帝就长眠于此。

羊头山上有神农城、神农泉、五谷畦、神农庙等遗址遗迹。除炎帝陵专门祭祀炎帝外，还有许多祭祀炎帝的庙宇。我们2015年国庆节去过张家口黄帝城遗址，对于炎帝并不陌生，因此这次"偶遇"，我和儿子都很兴奋。

等我们到达长平之战遗址时，天色已晚，景区已经关门，因此我们先找酒店住宿，第二天再去参观。

很快办好了入住手续，晚上打算好好逛逛高平市，领略当地的风土人情，顺便去找一下我们一直想吃的高平名吃"白起肉"，以解我们一天的劳顿。高平烧豆腐是高平特有的一种传统名吃，至今已有两千多年的历史。据传，公元前260年的长平之战，赵括被秦将白起一举打败，四十万赵军降卒被白起坑杀。白起的残暴激起了民众的憎恨，便把豆腐比作白起肉，火烧水煮而食之，以泄心中之愤。不料，经如此烹制的豆腐，别具一番风味，皮黄肉白，松软筋道，辛辣鲜香，堪称一绝。

我们在街上走了半天，始终都没有看到一家售卖或是制作"白起肉"的店铺，询问路人得知一条叫"古城街"的小胡同里有，于是便向那边赶。由于是大年初二，店铺大都歇业了，整个胡同冷冷清清。我们寻到"白起肉"店铺前，结果不幸地发现店铺处于歇业状态，没有办法，只好吃了点其他食物。儿子耿耿于怀，期待第二天可以吃上"白起肉"。

第二天一早我们就到了长平之战纪念馆。这里比较偏，景区内只有一个纪念馆和一个小园子，游客稀少。

长平之战纪念馆位于高平市永禄乡，纪念馆以尸骨坑、出土文物、历史图片为主，辅以场景、油画、雕塑、幻影成像、影视片等展示手段，全方位多角度展示和介绍了长平之战的始末。展馆共分四大部分，分别是战国烽烟、长平之战、长平遗址以及历史遗珍。

长平之战遗址范围广阔，西起骷髅山、马鞍壑，东到鸿家沟、邢村，宽约二十里，北起丹朱岭，南到米山镇，长约三十里，占据了东西两山之间、丹河两岸的河谷地带，可见当时战争规模之大。

虽然景区规模不大，但在讲解员详细的讲解下，我们对战争的背景、起因经过以及结果都有了更深的认知。景区及其附近地区有许多"万人坑"，纪念馆内的用玻璃罩着，供游客参观。听讲解员说，附近的村民有时建房屋、耕地，还能挖出骸骨以及一些兵器来。

这样的一场研学旅行，让儿子亲身感受到了这一场战争规模的宏大、现场的惨烈。儿子边看边感叹：不能像赵括一样"纸上谈兵"，空谈误国啊……

欲穷千里目，更上一层楼——永济鹳雀楼

我们第二站的目的地是鹳雀楼，在去鹳雀楼的路上也有意外的收获，那就是路遇附近的普救寺和蒲津渡遗址。普救寺始建于隋朝，《西厢记》的故事就发生在这里，因此也可以说这是一座因爱情故事而扬名的传奇寺院。蒲津渡遗址则是黄河大铁牛文物的出土地。据考证，唐代改建蒲津桥的用铁量占当时全国年铁产量的五分之四。此地出土的铁牛数量之多、体积之大、造型之美、历史之久，全国仅有，世界罕见，堪称"国宝"。挖掘出的铁牛重约55—75吨，造型精美，威武雄壮，铁牛旁各有铁人牵引，分别代表维吾尔族、蒙古族、藏族、汉族四个民族，是民族大团结的象征。

在游览完普救寺和蒲津渡遗址之后，我们便兴冲冲地直奔我们此行的目的地——鹳雀楼。

鹳雀楼景区，是国家4A级旅游景区，位于永济市蒲州古城西向的黄河东岸、蒲州古城城南。鹳雀楼为四檐三层的仿唐式建筑，楼体高73.9米，坐南朝北，北依黄河水，南枕中条山，远可眺舜都遗址，近可瞰黄河之水。鹳雀楼是黄河文化的标志和象征，当年诗人王之涣正是登临鹳雀楼后写下了那首脍炙人口、名传千古的名篇《登鹳雀楼》。

中午刚过我们就到达了蒲州，发现此地古城保护得很好，城池的大门、钟鼓楼都原封不动地保存了下来，一眼望去就知道它历尽沧桑。我们继续向前，到达了鹳雀楼。不过，现在这个楼并非王之涣登临的那个楼，是后人在原址附近重建的。古楼早在元朝时，就已被元军烧毁，后来黄河改道，又把原址的基台冲毁了。

鹳雀楼所在的永济古称蒲州，系黄河要道，地理位置非常重要。南北朝时，这里是北齐和北周对峙的前沿阵地，扼宋北固的大臣宇文护在此修建了一座楼用来观察敌情。最初楼并没有名字，因挨着黄河，多有鹳鸟栖息，所以得名鹳雀楼。后来，成为文人的登临地，许多诗人在此留下了诗作，鹳雀楼也因为王之涣的名篇而跻身四大名楼之列。现在重修的楼内多是一些山西的民俗文化及历史介绍，没什么特别之处，顶层观景倒是不错。

我们登到鹳雀楼的最高处，极目远眺，用心去体会当年王之涣作诗时的感受，虽然看不见"白日依山尽"的"华山"，但有黄河与西下的落日已经别有一番情趣了；尽管身在鹳雀楼的最高层，但想要看到更远的景色，还得"更上一层楼"，正所谓站得更高才能看得更远。

兵俑车马一行行，犹如待令赴沙场——西安兵马俑

我们从鹳雀楼离开后，便往西安赶，到达时已经是晚上 8 点多了。我找了个类似农家乐的地方住下，因为兵马俑景区附近真没什么像样的酒店。这里的住宿条件一般，房间里很冷。虽然条件一般，但考虑到这里离景点近，第二天能早点进去参观，儿子也没表达过多的不满。可不幸的是，不知是天气原因还是旅途劳累，儿子发烧了。幸亏由于经常外出旅行，我们养成了随车携带常备药品的习惯，于是我们让他吃了点药，多喝水，然后穿上羽绒服

在冰冷的房间里睡下了。

终于熬过了这一夜！清晨起来时儿子已经好多了，精神很好，这确实是一个好消息，否则还真不确定下面的行程还能否继续。在这里我想提醒大家的是，外出旅行时要考虑得充分些，虽然多年一路走来，我们遇到生病的情况不多，但像这次，简单的药品就派上了大用场。我们收拾好东西后立刻离开了这个农家旅馆，前往兵马俑景区。

我们住的地方离兵马俑景区非常近，步行不多久就到了。虽然是早上7点，门口已经聚集了一批游客，旅游团也大批大批地涌来。我们赶紧排上长队，由此也可看出这个景区很受欢迎。

进入大门后，我们跟别人拼了一个团。去别的景点时，我们一般都是单独请导游，而这里只能与别人拼团，尽管导游的人数不少，却也无法满足游客的需求，游客实在太多了。

进去后我们发现这里自然条件非常好，四周群山环绕。在导游的带领下，我们分别去了一、二、三号坑。一号坑规模宏大，为了保护文物，目前仅发掘了三千多个。前三排是布衣兵，后面是不同等级的军官战士。原先兵马俑坑上面有一层木顶，发掘时被破坏了。实际上，几乎所有的兵马俑在被发掘出来时（除了镇馆之宝——跪射俑）都是碎片，因为兵马俑是半空心的，多年的地壳变迁也让它们极易碎掉。现在我们所见到的兵马俑都经过了考古工作人员的精心修复，一号坑的后半部分就是进行修复工作的地方。

二号坑位于一号坑东端北侧，虽然只挖掘了一小部分，但据说是三座坑中内容最丰富的。三号坑是指挥部。官职、身份不同，帽子、鞋子也不一样，每一个俑都对应生活在2200多年前的一个人。据说工匠在造的时候，如造出的俑不像，就要被砍头。每个俑手上的血管、眼睫毛（虽然已经没了）、眼皮都十分精细，跟真的一样。最让人惊叹的是，兵马俑原本都是有颜色的，非常好看，足见当时颜料的生产工艺之高。可惜，兵马俑出土后颜色迅速氧化，失去了原来亮丽的色彩。知道这些后，我们明白兵马俑为什么被誉为"世界八大奇迹"之一了。

兵马俑的发现纯属意外。20世纪70年代，当地的几名村民打井时无意中挖出了残破的陶俑，当时人们以为挖到了鬼神，吓得要把坑填上。村民老杨有远见，不顾众人的阻挠，毅然上报给了文物局，从而让兵马俑这一奇迹得以重见天日。老杨也因此被载入史册。

兵马俑深埋于地下，挖掘出来的陶俑却有许多被破坏的痕迹，于是出现了项羽损毁和曹操破坏两种说法，至于实际情况，只能留待考古学家进一步发现和验证了。

看完兵马俑，我们又坐景区免费大巴去了秦始皇陵，本以为那里没有什么，就是几块牌子和一个个土堆，但经过导游详细讲解，我们发觉这地方不是普通之地！秦始皇的地宫就在数米之下，那里有无数珍宝、无数奇迹，而兵马俑只是大片秦始皇陵的一部分——仅占万分之三。秦始皇陵之所以没有开挖，有两个原因：一是地宫里有大量剧毒的水银与机关，二是目前的技术还无法安全地保护这些文物。除了保护文物，原址的修复也是一个难题，如果挖掘，那就意味着要盖一个600米×600米的篷子。那将不光是考古学的奇迹，更是工程学的奇迹。有考古学家说："五十年不动，一百年再说！"秦始皇陵修了三十多年，仍未完工，有个四号坑，都没来得及放俑……由此可见秦始皇陵的规模之大、修筑之难。

此行开阔了我们的视野,震撼到了我们的心灵。关于这次旅行儿子记录了许多文字,上述呈现有不少是参考了他的记录。回到家后,儿子便开始阅读《秦始皇传》,更加详细地了解华夏一统开创者的丰功伟绩:灭掉六国,统一中国;开凿郑国渠;修建举世闻名的都江堰;统一文字、货币;统一度量衡;修建万里长城;等等。

抗日战争从这里开始转折——西安事变之兵谏亭

下午我们去了华清宫。华清宫位于骊山脚下,骊山是座死火山,周边有天然的温泉,这也是为什么这里历来是度假胜地的原因。现在温泉依然还有,只不过引到旁边的旅馆内了。光顾此地的不仅有唐玄宗、唐太宗等帝王,就连蒋介石、周恩来等人也在此泡过温泉。著名的"西安事变"正是蒋介石在此度假时发生的,当时蒋介石住的房间、房屋都保留了下来,甚至西安事变时玻璃墙上留下的弹孔现在仍清晰可见。离开华清宫后,我们又去了骊山半山腰的兵谏亭,这里是西安事变时蒋介石的藏身处。

游览完兵谏亭,这一天的行程结束了,短短的一天,我们仿佛乘坐上了时光穿越机,在秦朝和现代之间往返,内心受到极大的震撼,我们既惊叹于古人的智慧,又为国难当头作为一个中国人深明大义的担当而自豪。我们到了西安市里住下,准备第二天去参观西安城内的景点。

探索人类祖先聚落遗址——西安半坡遗址

2月9日我们先去了半坡遗址。西安有地铁,有过多次出行经验的儿子提议我们放弃开车改乘地铁去，说这样更便利。我们听从儿子的建议，乘坐地铁去半坡遗址，果然如他所言，地铁十分快捷，一会儿就到了。这里的游客比较少，半坡遗址是新石器时代仰韶文化聚落遗址，属于史前文明。整个景区面积不大，景区大门两侧建有一座半坡遗址博物馆，系统展示了遗址内出土的文物，有石器、陶器，还有一些装饰品，其中最为著名的当属人面鱼纹陶盆，看后让人不禁惊叹当时人类的手工制造水平之高超。从入口步行不一会儿就到了最核心的遗址大厅，大厅内分为居住区、墓葬区和制陶作坊区。

十三朝古都"再现"——陕西历史博物馆

到了西安，又遇到了新的状况：由于前几天行程过紧，走路过多，我的脚磨破了，疼得无法走路。

怎么办呢？陕西历史博物馆是我们研学计划中的重点，到了跟前我却拖了后腿。经过商议，我们决定让儿子带妻子前去，我留在旅馆内当指挥，有问题时帮他们想办法。他们兴高采烈地去了，时不时地和我电话沟通看到的展品，完全打消了我之前的担心。我虽然没能亲眼看到那些国宝级的馆藏，但听着儿子的转述，比自己亲眼看到还高兴。以下文字是根据儿子的转述整理的：

儿子和爱人去了大雁塔，塔在大慈恩寺中。寺里供奉着一些佛，还有讲述了玄奘法师的一生的立体壁画。这寺是玄奘法师主持修建的，其中塔还是他设计的。明代时，这个塔经历了第五次修葺，在维持唐代塔体基本造型的基础上，外表完整地砌上了六十厘米的包层，直到现在，坚固如初。玄奘曾去过印度，《西游记》就是以此为原型创作的。

大雁塔四周是庙会，热闹非凡，人挤人。他们好不容易挤了出来，然后向陕西历史博物馆赶去。到了之后才发现，那里的门票分四种，第一种是免费票，早被预订光了。他们向工作人员求助，工作人员说有含饭的通票。于是他们花费两百元买了两张含餐券的票顺利进入博物馆。馆内不算大，展厅也不多，每一个展厅都有很多精品。最有特色的是大唐遗宝展厅，整个展厅展示的都是唐代的文物，金银器物、玉制宝物等，都放在瓦缸里。虽年代久远，金银却几乎没有一点腐锈，玉石也保存完好。这些宝物做工极为精致，令人惊叹，好多文物都禁止外展。除此之外，还有一些春秋战国时代的钱币以及唐以前时期的各种文物。大名鼎鼎的跪射俑也在这里，难怪在兵马俑纪念馆未见到它的踪影。

　　参观完博物馆，儿子带着爱人去吃饭。餐馆在钟鼓楼之间，是一幢仿古大楼，四周也非常热闹。饭是饺子宴，有各式各样的饺子，最有特色的是珍珠饺子，饺子很小，就像珍珠一样，而且颜色各不相同。饺子都泡在汤中，可以边喝汤边吃饺子。服务员在上饺子时会详细介绍饺子的各种寓意，仪式感很强。相传慈禧太后也吃过这种饺子宴。

　　吃完饺子宴后，天色已晚，钟鼓楼上的灯都亮了起来，在环绕车辆的映衬下别有一番意境。四周有灯光展，在灯光照耀下散步仿佛进入了梦境一般。儿子说这一晚是他有生以来最悠闲的时光！回来后，爱人给我讲述了儿子在路上的表现，说他的方向感极好，一点也不迷路，从哪里上下车、怎么去景点，他规划得有条不紊，比我们大人强多了。这完全出乎我的预料，看来之前的担心纯属多余。

　　相信孩子，孩子才能带给家长惊喜，每一次成长都是从放手开始。西安之旅,是我们多年来外出研学收获最大的一次,不仅仅是看到了许多闻名遐迩的宝物,更重要的是面对突发状况时,我们并没有慌乱,儿子的表现更是让我们惊喜。旅行就是这样,充满了未知,充满了惊喜,在此之前我们要做好充足的准备,无论是物质上的,还是精神上的。

第五章

战争之旅——树立保家卫国的伟大理想

爱好和平就不能不忘记战争,热爱今天的幸福生活就不能忘记昨天的流血牺牲,带着孩子去战场研学,把他们带入『昨天』的战场,进行一次次战火洗礼,在孩子的心中播种下崇尚英雄、争当英雄的精神种子。

1

粉骨碎身浑不怕，要留清白在人间
——土木堡事变遗址

　　2015年国庆节外出研学的整个线路都是儿子规划的，并事先在地图中标注了出来。土木堡事变遗址并非什么著名的景点，甚至不为大多数人所知。但这次行程在我们的外出研学之旅中占据重要的位置，一是因为这是儿子在阅读图书后自己主动提出特别想去的一个地方，另外也是我们第二次跨省自驾旅行。

　　距国庆节半个月前，儿子就提出要去土木堡看看。我问他土木堡在什么地方，为什么要去那里。他回答说土木堡在河北怀来县附近，之所以想去，是读了《明朝那些事儿》，看到土木堡事变的故事，受到触动，想去那里实地看看。我之前并不熟悉这段历史，他就给我讲书中的内容，我听了也深有感触，同时惊讶于他能在这么小的年纪就有此想法。考虑到路途遥远，我便启发他看下周围有没有值得去看的地方。于是，接下来的十多天，只要晚上写完作业，他就着手研究，从书中、从地图、网络上找合适的景点，最终确定了这次研学的线路：济南到涿鹿（三祖圣地），然后到怀来（土木堡事变遗址）、张家口（火车站旧址）、中都草原、中国66号公路，最后经由石家庄返回济南。

国庆节一到，我们就从济南出发直奔河北涿鹿三祖圣地。在实际的行进途中，我们从高速上意外看到下高速就可到保定直隶总督署，就想着下高速去看看，结果车速过快错过了下高速的路口，只能留待以后再专门来一次（第二年就实现了，前文已经详细做过介绍）。当晚，我们就来到怀来县城并住下，准备第二天前往土木堡。

先介绍一下土木堡事变的发生过程。明正统十四年（1449）二月，瓦剌部落首领也先遣使两千余人贡马，诈称三千人，向明廷邀赏，希望获准开放互市。宦官王振不肯多给赏赐，按实际人数给赏，并减去马价五分之四，没能满足他们的要求。为此，也先制造事端，从几个方向进犯内地，大同前线的败报不断传到北京。当时明英宗朱祁镇宠信宦官王振，在王振的煽惑下，准备亲征。

英宗名为亲征，实则一切军政事务皆由王振专断，而王振根本不懂军事，致使明军屡战屡败。1449年8月，明英宗率部狼狈逃到土木堡，瓦剌大军紧逼其后。明军只得仓促应战，明英宗突围无望被俘。此战，明朝五十万大军死伤过半，辎重损失无数。之后也先率领大军挟持着明英宗长驱直入直逼都城北京，兵部尚书于谦率领北京军民坚守危城，领导了著名的北京保卫战，最终取得全面胜利。

这段历史中的几个人物——糊涂皇帝明英宗朱祁镇，大权独揽、广植私党的大太监王振，以及领导北京保卫战的宰相于谦，等等，给儿子留下了深刻印象。最后如果没有忠诚勇猛的大臣于谦挺身而出挽救大厦将倾的明王朝，或许历史会就此改写。

土木之变遗址在河北怀来县内的土木村，2008年当地人在土木堡战场上竖起了古战场牌坊，牌坊上面格外醒目地书写着八个烫金大字"明代土木之变遗址"。所谓的遗址，也就是仅剩的两段城墙的土基。牌坊后面是一座平缓的小山，据说就是当时的战场，现在有好多风力发电设备矗立着，蔚为壮观。我们向山上走了一段，回头观望，整个地貌一清二楚，难怪当时明军会伤亡惨重。山下有湖，三面环山，不难想象当时的几十万大军去山下找水喝时，被"包饺子"的情形，几十万大军被惨绝人寰地屠杀，怎一个"惨"字了得！

我们试着去找寻那场战争的一些遗迹，可一连问了好几个村民，没有一个人知道。正苦恼间我们遇到了几个骑自行车的旅友，他们也在打听这个地方。山重水复疑无路，柳暗花明又一村，一位老人告诉我们那个地方应该在镇卫生院。可到了卫生院，在附近苦苦寻找，仍一无所获。后来，一位八十多岁的老者了解我们来这里是为了了解那段屈辱的历史后，拿出钥匙为我们打开了一个毫不起眼的小院。一进大门，就看到里面摆放着几座大大的石碑，其中于谦的石碑最为显眼，上面赫然刻着土木堡事变的故事和于谦领导的北京保卫战战况，以及他少年时所创作的流传至今的"千锤万凿出深山，烈火焚烧若等闲。粉骨碎身浑不怕，要留清白在人间"诗句。我们在碑前伫立许久，感慨万千。战争离我们远去，但世界的局部战争从未停止，从20世纪90年代的伊拉克战争到21世纪以来的阿富汗战争、叙利亚战争、利比亚战争等，战争所到之处生灵涂炭，满目疮痍。对于战争，孩子一直比较关注，曾对伊拉克战争进行过全面的分析，并写文章表达了自己对现代科技战的看法。身临其境地感受战争比任何阅读都来得深刻，我想，儿子在此处接受的爱国主义教育是铭心刻骨的。

院落深处有一座破败不堪的小庙，正中间是一尊石刻的明英宗像，左右两边有好多木头牌，上面刻着战死在土木堡的高级官员的名字，前面铺有跪拜用的垫子。儿子找守护人要来几炷香点燃，跪下来磕了三个头。此刻我和儿子有了共鸣，对那段历史有了更深刻的认识。

回来后，刚上四年级的他写了一篇文章记录此次土木堡见闻，文字虽然稚嫩，但这次研学的收获无遗是一笔宝贵的财富，影响十分深远。

2

解放战争的序幕从这里拉开
——辽宁锦州辽沈战役纪念馆

2018年春节回黑龙江老家的途中,我特意带儿子到了锦州辽沈战役纪念馆,去探究解放战争中那许许多多英雄的事迹与赞歌。

锦州系东北咽喉,依山傍海,是中国历代兵家必争之地。东北解放军于1948年9月12日至11月2日在南至辽宁西部,北至沈阳、长春等地的千里战线上,同国民党军展开战略决战,整场战争国共双方共投入兵力150万之众,史称"辽沈战役"。整个战役经历了攻克锦州解放长春,辽西会战歼灭廖耀湘兵团,解放沈阳、营口三个阶段。整个战役共歼灭国民党军47万余人,解放了整个东北,为加速全国解放战争的胜利进程做出了巨大贡献。

辽沈战役胜利后,毛泽东在一篇评论中说:"中国的军事形势现已进入一个新的转折点……这是中国革命的成功和中国和平的实现已经迫近的标志。"辽沈战役纪念馆始建于1959年;1988年

10月，辽沈战役胜利40周年之际，新馆落成开放，叶剑英元帅亲笔题写了"辽沈战役纪念馆"的馆名。

从云飞街向北过铁路双桥洞，就可看到一组具有现代气息的建筑群，这就是中国的"凯旋门"——辽沈战役纪念馆的胜利之门。胜利之门由三个巨石单体建筑组成，前面两个单体建筑都有一个斜度，从远处看是一个英文字母"V"，是胜利的象征，同时又像张开的手臂，敞开胸襟迎接来自国内外的游客。三块巨石既有门的功能，又有城市雕塑的强烈视觉效果，还兼有建筑物的功能，该设计引用和借鉴了中国古代皇宫和皇陵的设计理念，从南到北，从低到高，以纪念馆建筑主体和纪念塔为中轴线，使游客在进入景区的时候有一种纵深感，对纪念塔产生一种崇敬之情。穿过胜利之门，就踏上了纪念馆园区的胜利之路，从南大门到纪念塔一共经历104个台阶，象征着辽沈战役经历了104天。经过胜利之路，我们来到了提升广场，提升广场把位于中轴线上的南园和北园完整地结合为一个整体，起到了引线穿珠的作用。

提升广场中间为玻璃钢制透明地面，上面雕刻着五角星，透过地面往下看，广场下面的马路一览无余；两侧的玻璃墙壁上刻着解放勋章、毛泽东奖章等纪念章。再往里走，则到了辽沈战役纪念塔，主体由花岗岩方石砌成，碑面镶贴黑色磨光花岗岩板，主体碑铭刻着东北解放战争中牺牲的烈士英名。纪念塔南面两侧为烈士名录墙。纪念塔是纪念馆园区中心建筑物，1957年2月落成。塔身高8米，为花岗岩砌筑；塔顶是一座持枪振臂呐喊的青铜铸就的战士全身塑像，塔身正面镶嵌着朱德题写的"辽沈战役革命烈士永垂不朽"12个鎏金大字。塔身两侧是长8.8米、高2.4米的花岗岩浮雕群像，表现了塔山阻击战和黑山阻击战的战斗场面。园区内还有朱瑞将军雕像及其他烈士墓。

参观展厅时,我们全程聆听了一位八十岁老人的讲解。讲解过程中老人不放过任何一个细节,滔滔不绝,嘴角甚至都泛起了白沫,讲到惨烈战役处眼神中还会闪过一丝丝的感伤。好几次儿子递水给他,都被他婉言谢绝了。我和儿子一直跟着他,不时向他请教,每次他都很热情地为我们解答。当来到超大全景画馆的时候,我们被震撼到了,在那里我们更直观地看到了辽沈战役的全貌。全景画更像是《辽沈战役》的电影在播放,用现代的技术还原当时的战争,让我们叹为观止。战役的艰难深深刺痛着我们。作为解放战争的第一战,双方投入的兵力之多、伤亡之大始料未及,也正是这场战役,拉开了新中国诞生的序幕。

我们都被感染到了,心情沉重,不禁暗自感慨,要珍惜当下的美好生活,努力拼搏,报效国家。

3

一座宁远古城,半部明清战史
——辽宁兴城宁远古城

古代城墙是冷兵器时代的军事防御建筑,而辽宁是关内外的战略要地,汉、蒙古、满等多民族栖居,政治地位十分重要,所以,此地的城墙也就格外多。宁远古城,又称兴城古城,便是保存较为完好的一个,现为全国重点文物保护单位,与西安古城、荆州古城(今江陵县城)和山西平遥古城一起被列为我国迄今保存最完整的四座明代城池。

因为阅读《袁崇焕传》一书的缘故,儿子一直对宁远古城怀有极大的兴趣,这次北上我们自然不会错过。

根据史料记载,古城始建于明宣德三年(1428),分内外两城,称宁远卫城,可惜1568年毁于地震。之后进行了重建,改称宁远州城。宁远城呈正方形,城墙高8.88米,周长3274米,城墙四面正中各有城门一座,城门外筑有半圆形瓮城,城墙四角筑有炮台，用来架设红夷大炮。古城的正中心，有一座雄伟壮观的钟鼓楼，现内部为兴城出土文物陈列馆。古城内南、北、西、东四条大街十字相交，南街中段耸立着祖氏石坊，南街也是古迹保存最多的街。

宁远古城重建后，军民在袁崇焕的率领下，屡败强敌。其中最著名的便是"宁远大捷"。天启六年一月，清太祖努尔哈赤率兵13万围攻宁远城，身负重伤而败退。这是明朝自抚顺被后金攻陷以来的第一次胜仗，大大提升了明军的士气，袁崇焕更是一战封神。天启七年五月，清太宗皇太极统军再攻宁远城，再败城下。

战争的屡获全胜离不开宁远古城铜墙铁壁般的阻挡，但更多的是得益于袁崇焕的军事指挥才能、军民团结共同御敌的勇气，以及视死如归的决心。据说，袁崇焕把妻儿都接入城中，誓与城中百姓同进退。在袁崇焕镇守宁远的那些年，清军没有南下一步，宁远城可以说是固若金汤。然而曾经力挽狂澜的御敌将领，没有死在战场上，却被自己忠于的朝廷所杀害。由于崇祯皇帝多疑，袁崇焕死得相当惨烈。他临刑前口占一绝："一生事业总成空，半世功名在梦中。死后不愁无勇将，忠魂依旧守辽东。"一代功臣就此消亡，不禁令人唏嘘。袁崇焕被谋害后，清军一举攻下宁远，一路南下，中原再无抵抗，明朝很快消亡。孰是孰非，孰黑孰白，历史自有公论，袁崇焕的功绩、他的贡献、他的精神，如同岳飞、于谦一样会被后人铭记，历史终将会盖棺定论，公道自在人心！

"一座宁远古城，半部明清战史"，这座古城背负着太多的往事，曾经的风雨烟云俱归于其间，给世人留下无限的慨叹。历史是镜子，也是艺术，可以借鉴，也可以欣赏，宁远古城是历史留给今天的一份宝贵的文化遗产，我们可以追忆，可以审视，可以赏阅，可以展望。这一趟，我们不虚此行。

第六章
孙子带爷爷看世界——锻造协作独立的品格

祖孙俩先后两次外出，有挫折也有收获，孩子慢慢学会了要顾及他人的感受，知道管理时间的重要性，也学会了分享和感恩，锻炼了独立的品格。

1

祖孙同入川，乐蜀而忘返

　　2019年初一的暑假，儿子领着六十六岁的爷爷乘飞机前往四川研学旅行。由于我们外出次数较多，孩子的能力得到了一些锻炼，所以虽然不是十分放心，但我们还是相信他能处理好整个行程。因此，从一开始的交通工具选择到入住酒店、旅游路线等，均交给孩子独立完成，我们只负责提供"弹药"（钱），儿子的表现确实也让我们吃了颗定心丸，他综合时间和价格两方面的因素，选择了比较便宜的深夜航班，酒店的选择和行程也都安排得井井有条。但我们还是反复强调了安全第一的原则，特别是出门在外带着爷爷。

　　这次旅行，孩子的收获很多，特别是在飞机上，他争取到了去驾驶室观看的机会。孩子回来后给我们描述，当飞机降落在成都双流机场后，他找到机长，大谈他对飞机空难的研究，谈自己平时看到有飞机经过时，根据声音判断飞机型号等生活中的小事，机长被他的痴迷打动，破例带他进驾驶室参观，并给他讲了许多知识，这让儿子特别自豪。每一次机会都需要个人争取，热爱赢得尊重，特别感谢那位"有爱"的机长。

滚滚长江东逝水，浪花淘尽英雄——成都武侯祠

到达成都，第一站祖孙俩游览了武侯祠。武侯祠位于成都市中心。成都是三国时期蜀国首都，也是蜀国的政治文化中心，见证了蜀国的荣辱兴衰。儿子说，走进武侯祠时，他脑海里闪现出许多三国英雄人物，一个个鲜活的面孔呈现在面前。

遥想三国时期刘备占天府王国，三分天下有其一，可惜刘备急于为关羽报仇，倾蜀国之兵攻打东吴，最终以失败而告终，就此大伤了蜀国的元气，导致白帝城刘备托孤，把蜀国及儿子刘禅的命运都托付给诸葛亮，最后死在白帝城。孔明以赤诚之心，呕心沥血，扶助刘禅兴汉室，统一中原。由于过于劳累，加之北伐中原缕缕受挫，诸葛亮终于积劳成疾，病死在五丈原，这也让后人为诸葛亮感到惋惜，出师未捷身先死，长使英雄泪满襟。诸葛亮有大智慧，大情怀，一生怀揣梦想，不曾有过任何懈怠，是一道照亮人间的光。

在武侯祠还有一座很不起眼的墓碑，那就是抗日名将刘湘之墓。墓志上介绍了刘湘将军的英雄事迹，让我们了解到刘湘将军实现自己"还我河山，打败倭寇，不成功则成仁"承诺的故事。今天我们每一个中国人都应该铭记那些为抗击日寇而流血牺牲的川军子弟兵，那些为保家卫国而献身的英雄们。站在刘湘墓前，祖孙俩发出这样的感慨：国家强大，军队强大，才有国家安宁，不受外敌入侵，才有人民的安居乐业，祖国的强盛。

晚上回到酒店，祖孙俩意犹未尽，兴致勃勃地探讨着一天的见闻。随后又特意去了宽窄巷子小吃一条街，在那里品尝了成都名吃"东坡肉"。爷爷很欣赏孩子对古代历史的了解，诸如苏东坡不平凡的一生、三国时期许多人物的生平事迹，以及抗日名将刘湘将军的丰功伟绩等，孩子都如数家珍。

岷江遥从天际来，神功凿破古离堆——成都都江堰

都江堰是我国春秋战国时期秦蜀郡太守李冰所建，距今已有两千多年历史，是现存年代最久远、以无坝引水为特征的宏大水利工程，而且仍在为人民造福。让祖孙俩印象深刻的是那座醒目的分水岭（也叫鸡嘴山）。在古时没有炸药，李冰采用烧岩石冷却后用人工挖的办法，历经艰辛打通了山体，将岷江水分为外江和内江，为减少洪涝灾害起到了关键作用，同时为成都平原人民旱涝保收奠定了牢固基础。都江堰真是世界水利史上的明珠！

山是一尊佛，佛是一座山——眉山乐山大佛

2019年8月8日，祖孙二人到了乐山。乐山是一座名山，是道佛圣地，风景优美，游客如织。

当他们登上乐山进入大佛环山栈道时，体会到古人"蜀道难，难于上青天"的描述不虚。栈道下就是滚滚不息的三江水，远远望去，美丽的乐山市与波涛滚滚的三江水、乐山大佛连在一起，真如仙境一般。他们走了很久才来到大佛脚下，观看后在大佛前合影留念。古人为了让乐山人民永不受洪水侵害，修建了这尊大佛，祈祷上天、祈祷佛祖保佑乐山人民生活祥和安泰。每一名到乐山的游客都可体会到乐山大佛的壮观与神圣，更能体会到生活

在祥和安宁的盛世是多么幸福。

但愿人长久，千里共婵娟——成都三苏祠

三苏祠位于眉山市城西，是我国著名文学家苏洵、苏轼、苏辙的故居。原为五亩庭院，元代改宅为祠，明末毁于战火，清康熙四年（1665）在原址复原重建，经历代增修扩建，现占地八十六亩。苏轼从小受父母教育和启发，立志报国，为繁荣和发展北宋文学贡献一生。苏轼外出离开故乡前，和同伴栽下一棵荔枝树，立誓等自己学业有成再回乡探望这棵荔枝树，遗憾的是，苏轼至死都没能重回故乡。一棵荔枝树，承载着苏轼的理想和抱负。后人为了纪念苏轼，把枯亡的荔枝树根茎重新移栽，于是有了今日的硕果累累。在建筑、美食方面，苏轼都很有成就，到成都的游客多会品尝"东坡肉"。苏轼留下来的文学作品更是我们中华民族的瑰宝，值得我们去学习研究。

接下来的两天，祖孙俩又先后去了成都熊猫基地、四川大学和重庆大学。这次研学回来后，祖孙俩都说收获很大。爷爷欣赏孙子这么小的年纪就了解这么多知识，像一名导游，把许多景点介绍得十分清楚；孩子说没想到爷爷会对历史古迹这么感兴趣，与在家的表现大不相同。这次旅行，增强了他们之间的理解和信任，回来后明显感觉二人之间的关系比之前亲密多了。这也是意料之外的收获。

让孩子变成研学的小主人，从被照顾的对象变成主动照顾他人的"服务生"，不仅会激发他学以致用的热情，还能培养其男子汉的担当。由此看来，"隔代教养"也有文章可做。

2

祖孙再出行，叹日月新天

2021年在以习近平同志为核心的党中央的领导下，全国上下万众一心，遏制住了来势凶猛的新冠肺炎疫情发展。

由于儿子作为推荐生被一所重点高中录取，不用参加中考，所以暑假从5月底就开始了。有了2019年祖孙俩一起出行的经历，他们又"密谋"再次外出旅游。很快，儿子就制订出了游览上海、南京的出行方案。6月5日，祖孙二人乘坐高铁到达上海，这是爷俩第一次踏入上海，第一站他们去了南京路。当祖孙俩漫步在南京路上时，被眼前人潮涌动的景象惊呆了。人虽多，但行走、购物、散步很有秩序，南京路的繁华一展无余。夜幕降临时，他们走到了在电视中常见的外滩，闪烁的霓虹灯照亮了黄浦江两岸，游船在黄浦江里奔驰着，夜上海的魅力让祖孙俩连连惊叹。

后来，他们乘地铁来到了浦东新区，登上了上海地标建筑，也就是世界闻名的摩天大厦——东方明珠。站在东方明珠的高处，俯瞰着上海美景及川流不息的黄浦江，真让人心潮澎湃，为祖国的繁荣昌盛感到自豪和骄傲。

国人皆如此，倭寇何敢欺——上海四行仓库

6月6日，祖孙俩乘地铁到了上海有名的抗日战争展览馆四行仓库，电影《八佰》表现的就是这段历史。

四行仓库，全称"四行信托部上海分部仓库"，位于上海市苏州河北岸、新垃圾桥（即西藏路桥）西北角，是由交通银行与北四行（金城银行、中南银行、大陆银行与盐业银行）信托部于1931年兴建的联合仓库。该建筑被用作北四行储蓄会的钱栈，故称"四行仓库"。

1937年淞沪会战期间，时任国民革命军第88师524团副团长的谢晋元带领"八百壮士"，与日军在这里鏖战了四昼夜，这就是著名的"四行仓库保卫战"。2014年，上海对四行仓库进行整体保护修缮，其中4000多平方米空间改建成我们现在所看到的四行仓库抗战纪念馆，墙上的弹孔等全部依照原貌进行了还原，视觉效果十分震撼。

因为电影，孩子产生了探索这段历史的欲望；实地的参观，让他更深刻地了解了这段历史，对战争中献出宝贵生命的壮士有了无比的崇敬。

五年归国路，十年两弹成——上海交大钱学森博物馆

参观完四行仓库之后，祖孙俩直奔上海交通大学的钱学森博物馆。

祖孙二人走进博物馆，仔细观看每一份珍贵的资料和展品。

当看到导弹模型以及大厅中屹立的真实导弹时，爷爷给孩子讲起了钱学森研制中国的导弹的时代背景，那正是他们那辈人所经历的。新中国成立初期，百废待兴，抗美援朝战争艰苦地进行了三年，当时大洋彼岸的中国学子钱学森心急如焚，一心要回到祖国，为祖国建设做贡献，他决然地放弃美国的优厚待遇，冲破各种阻碍，在中国政府的帮助下回到祖国。当时一穷二白的中国十分需要像钱学森这样的人才，回国后的钱学森在极其困乏的条件下辛苦工作，最终成功带领团队研制并发射了中国第一颗导弹、原子弹和氢弹。

爷爷给孩子讲这些时，内心很不平静。他是20世纪50年代生人，亲身经历了中国从一穷二白到现在翻天覆地的变化，他们那代人深知中国人民在共产党的领导下一步一个脚印走到现在有多不容易。钱学森博物馆内放着一册游客留言本，爷爷很激动地写下了自己的感受。

走出钱学森博物馆，爷爷问孩子有什么感想。孩子若有所思地说："很受启发，上海交大是钱学森的母校，他对母校有很深的感情。"对啊！他不仅对母校有感情，对生他养他的祖国更有感情，他爱自己的祖国和爱母亲一样。爷爷对孩子说："他做出归国的举动，需要什么精神？需要真正的爱国情怀，需要大无畏的爱国精神。当时中国一穷二白，这些老一辈的科学家不怕吃苦、不怕困难，把自己的一生全部献给了祖国，国家现在的强大，都是一代一代人努力奋斗的结果，我们要向老一辈科学家学习！"

如今实现中华民族伟大复兴的重任摆在面前，需要青少年接力拿出更好的成绩，立志气，强骨气，不负时代，不负韶华。

位卑未敢忘忧国，巾帼不让真豪杰——上海宋庆龄故居

离开钱学森博物馆，祖孙俩又马不停蹄地奔赴下一站——宋庆龄故居。宋庆龄是中国革命先驱孙中山的夫人，为中国人民的解放事业做出了不可磨灭的贡献。在革命形势最危急的关头，她坚定地站在中国共产党和中国人民这边，反对内战，为建立新中国奔波操劳。1949年10月1日，她登上天安门城楼和毛主席一起见证了新中国的诞生。一走进宋庆龄故居，优雅的环境给人一种自然美的感觉，透露出主人生前朴素大方和优雅的气质。

上海宋庆龄故居位于上海市徐汇区淮海中路1843号，是宋庆龄先生1948年以后在上海的寓所。这里原是一个德国人的私人别墅，1948年至1963年，宋庆龄在这里工作生活达十五年之久。1981年5月29日宋庆龄在北京逝世。1981年10月，故居被列为上海市重点文物保护单位。故居内的陈设按宋庆龄生前原样保持。楼下过道墙上挂着徐悲鸿大师赠送的《奔马》国画，还有国际友人赠送的风景油画，客厅背面墙上挂着孙中山先生的遗像，南面墙上挂着毛泽东主席1961年来此看望她时的留影，客厅西面的餐厅里陈放着她个人生活经历中的重要纪念品和各国友人赠送的珍贵礼品。书桌上放着她生前使用过的文具用品。室内还存放着一架钢琴。二楼走廊里，挂着宋庆龄1951年接受"加强国际和平"斯大林国际奖时的照片。楼下车库里停放着中共中央赠送的红旗防弹车和斯大林赠送的一辆"吉姆"牌轿车。现在宋庆龄故居是上海市爱国主义教育基地。

南朝四百八十寺，多少楼台烟雨中——再赴南京

祖孙俩以前都到过南京，这次重游特地选择了以前未仔细观看的地方。6月7日乘高铁到南京后先选择了一家酒店入住。之后，祖孙二人马不停蹄地登上了明城墙，近距离感受了它的壮观宏伟。他们仔细观察，发现城墙很多砖上刻有字。据说大明开国皇帝朱元璋为了保证城墙质量与制造商、供货商以及监管修城墙的负责人签订了质量保证书，烧制砖、供货以及修城墙人的名字都要刻在砖上，如果出现质量问题谁也逃脱不了责任。现在看到的城墙是明朝留下来的，有近六百年的历史，虽历经风雨沧桑，遭受战火摧残，却依然完好，不能不让人感慨。

第二天祖孙俩去了有名的明孝陵——明朝开国皇帝朱元璋的陵墓。论建设规模及占地面积明孝陵实属第一陵，陵内朱元璋墓前有一座石碑，石碑上刻有醒目的"治隆唐宋"四个大字。这是清朝康熙大帝为朱元璋所立，意思是说朱元璋对明朝的治理要比唐朝、宋朝还要好，这是对朱元璋的称颂，也是对明朝的称颂。其实康熙这么做是给汉人看的，用以消除汉人心中的芥蒂。

下午他们去了中山陵。中山陵有着极高的艺术价值，被誉为中国近代史第一陵，是革命先驱孙中山先生的陵园。中山陵前临平川，背拥青嶂，东毗灵谷寺，西临明孝陵，整个建筑依山势而建，由南往北沿中轴线逐渐上升。中山陵"博爱坊"正上方挂有"民权、民生、民主"六个金字，这就是孙中山先生倡导的"三民主义"。中山陵"博爱坊"至祭堂共有三百九十二级石阶，八个平台，落差七十三米。三百九十二级石阶象征当时全中国的三亿九千二百万人。

离开中山陵后，二人又去了中华门和夫子庙。中华门是朱元璋在南京称帝后，为保障城内安全命刘伯温等人精心设计的，南京夫子庙则是中国第一所国家最高学府。夫子庙位于南京秦淮区的秦淮北岸贡院街。走进夫子庙的江南贡院，犹如穿越时光回到科举考试的现场。当时严格的考试入场程序，彰显了古代皇家通过科举考试来发现人才，壮大和巩固皇家统治的初衷。县试、乡试、殿试、贡试的层层考试，让人看到了古人登科入仕的艰难，也让人感受到了古人读书的刻苦。

此次上海、南京研学旅行，孩子得到了进一步的锻炼，很多方面都能独当一面，遇到问题都能有效解决，在有些方面甚至超过了许多成年人。对此，我们颇感欣慰。

因为对音乐的爱好，他们在上海还特意听了场音乐会。为了省钱，票是提前在家就买好的。在花钱问题上，我们从不担心，什么该花什么不该花孩子心中有数，从不乱买东西，也记得给我们买点小礼物回来。比较大的支出，他会跟我们商量，比如从济南出发前就说要去米其林餐厅吃一顿，感受一下世界顶级的餐厅，我和他妈妈欣然同意。这并不是铺张浪费，而是给孩子一个亲身体验的机会，让他有自己的真实的感受。

祖孙俩的这两次研学旅行，既锻炼了孩子的各种能力，也从另外一个层面实践了子女对父母的孝道。孩子的收获也远超我们的想象。我们常说读万卷书，行万里路，可无论陪他读多少书，走多少路，最终还是要放手，让他自己去广阔的天地中探索。从研学开始学着放手，孩子的成长可能远超我们的想象。这难道不是研学的另一种境界吗？

第七章

壮美河山之旅——厚植浓浓家国情怀

祖国山河壮丽，风光秀美。祖国，从来都不是一个抽象空洞的概念，她就是我们脚下这块让我们得以世世代代繁衍生息的辽阔大地，我们对祖国的爱最早是从这片哺育我们的土地开始的。

1
茫茫草原，火树银花
——河北张北中都草原

儿子小时候看电视看动画片，经常看到大草原的场景，那一眼望不到边的绿，蓝天下牛羊相互追逐的场景让他无比向往。于是2015年国庆节，我们动身去了离我们距离较近的中都草原。中都草原位于河北张家口张北县境内。中都在元代是与大都（北京）、上都（开平）齐名的三都之一，是皇室宗族巡幸避暑胜地。中都草原是目前保存最完整的原始草原，这里野阔草平、苍茫浩荡，是内蒙古大草原的精华。

去之前，听去过的朋友提起过这里十月份晚上会有霜冻，所以我们随身携带了羽绒服备用。然而，我们不知道的是这里的水口感很差，即使烧开了也难以下咽，因此只能去买高价水饮用。不过，这并未减少我们的兴致。真是不到草原，不知道天地的浩瀚，孩子兴奋地在草原上奔跑跳跃，尽情地释放着自己。秋天的草原，天高地阔，晚上夜色很美，让人心生手可摘星辰之感。此外，还有篝火晚会，结束后我们和很多游客一样，在蒙古包里过夜。在领略草原美景的同时，我们还特别幸运地看到了火树银花（即打树花）的表演，那是我平生第一次看到，真是意外的收获！

说起来，打树花可是劳动人民智慧的结晶。当年，在河北石家庄蔚县暖泉镇有很多打铁作坊，逢年过节，富人们都会买烟花爆竹来燃放，铁匠们也渴望热闹喜庆，但买不起烟花，于是受到打铁中溅出火花的启发，把经过高温熔化的铁水，泼洒到墙上。铁水四溅，成为万紫千红的朵朵烟花，既壮观夺目又惊险绚烂，比燃放的烟花更有吸引力，因而受到大家的喜爱。因为火花散开时如同树冠，人们便给它起了个生动的名字——打树花。过年打树花也成为一种民俗。

这项活动对手艺人要求极高，它十分考验手艺人的臂力、耐力与勇气。为了安全起见，表演者在表演过程中都穿着防护装备。只见他们身穿羊皮袄、头戴斗笠，盛出一勺约有四到五斤重的铁水往墙上或空中一抛，那光彩夺目的千万朵火花就会盛放开来，令人惊叹不已。如果手艺人臂力不够，那么铁水不仅不能被抛到空中，甚至可能会倒扣到自己头上酿成悲剧，因此这门手艺已鲜有人继承学习。2020年12月20日，这门传承了五百年的手艺成功入选国家级非物质文化遗产名录。

研学路上，每一次相遇都令人怦然心动。这样一次火树银花的视觉盛宴，让我们感受到劳动人民的创造，更让我们明白，要珍惜并保护非物质文化遗产，并传承下去。

那次旅行之后，美丽的草原和绚烂的烟花深深印在我们脑海中，成为我们美好的回忆。

2

缤纷的画廊，流动的画卷
——河北张北草原天路

带着对草原的依依不舍和对火树银花的赞叹，我们踏上了2015年国庆节研学最后一站——草原天路。草原天路（被网友称作"中国版66号公路"）位于张北县和崇礼区的交界处，西起尚义县城南侧的大青山（国家级森林公园），东至崇礼区桦皮岭处，是连接崇礼滑雪区、赤城温泉区、张北草原风景区、白龙洞风景区、大青山风景区的一条重要通道，也是中国大陆十大最美公路之一。

草原天路，全长132.7公里，犹如一条蛟龙，盘踞于群山峻岭之间，蜿蜒曲折，跌宕起伏。一眼望去，蓝天与之相接，白云与之呼应，行走在天路之上，就像是漫步在云端，故得"天路"之名。公路沿线，分布着古长城遗址、桦皮岭、野狐岭、张北草原等众多人文、生态和地质旅游资源，可见河流山峦、沟壑纵深、草甸牛羊等景观，犹如一幅百里坝头风景画卷。

如果说在草原感受到的是一望无际的绿和青草的鲜香，行驶在天路上则仿佛踏入了以绿色为基调的五彩缤纷的画廊，真是连眼睛都不愿眨一下。我们感受到了祖国的地大物博和山河壮美，孩子连连赞叹：这与平时在书上看感受完全不同。

我们被美景深深地吸引，忘情地在草原天路上穿梭，以至于忘记了时间，暮色降临，我们依然没有走出天路。我们迷路了。我有点慌乱，停下车拿着河北的地图和草原天路的线路图开始研究，始终毫无头绪。路上的车越来越少了，我们又向前走了一段依然看不到大路，这时天已经很黑了，除了车灯的照射，四周一片漆黑。他们娘俩害怕了，孩子甚至都想到会不会有狼出没。看到他们情绪低落，我强作镇定给他们打气，安慰儿子说没有问题，很快就可以找到回去的路。路上没有行人，想问路唯有拦车，当走到一拐弯处时，我们试着拦下一辆本地车牌的车向车主问路。我们按照车主的指引继续前行，不一会儿就拐上了大路。我们悬着的心终于落了地。上了大路，地图也就有了用武之地，他们娘俩兴奋起来，对着路上穿梭的车辆指指点点，又有了欢声笑语。

这个插曲给我们好好地上了一课：一定要重视景区的提示，确保游玩安全。我们这次就是没把握好时间，只顾着欣赏美景，把尽量在傍晚以前离开草原天路的指示当成了耳旁风。我们引以为戒，以后的旅行再未犯过这样的错误。

3
退潮通一路,涨潮走千帆
——锦州笔架山

  2018年的暑假研学,我们赶了一天的路,到了锦州笔架山。笔架山位于辽宁省西部,坐落在锦州经济技术开发区,面朝渤海,毗邻锦州港,因山有三峰,二低一高,形如笔架而得名。每当旭日喷薄出海,笔架山身披万道霞光,被流光彩缎似的大海烘托着,远远望去,恰似顶天立地的长毫被挥动着,在书写着万般神奇。这一景观,被古人称为"笔锋插海"。笔架山的神奇在于那条潮汐冲击而成的天然卵石通道,当地人称作"天桥"。这座天桥是连接笔架山和海岸的纽带,像一条蛟龙随着潮涨潮落而隐现。退潮时,海水慢慢退去,天桥便像一条蜿蜒的蛟龙浮现在海中,潮水落尽,天桥便完全显露出来,游人可沿天桥登岛上山。但涨潮时,海水淹没了大片陆地,笔架山直接成了座孤岛。一首诗很形象地概括了景点的特色:浩瀚渤海湾,绝景笔架山;退潮通一路,涨潮走千帆。

我们上午去时，水仍在涨，只得坐船。船是快艇，速度虽快但不稳，一遇到海浪就摇晃一下，而且力度较大。由于窗户很高，坐着看不见海景，我们便想站起来欣赏，结果一股强烈的海风直扑到脸上，我们只好又坐了下来。

到了岛上，我们才发现，这就是一座普通的山，有三座山头。爬山的时候，特别热，曾几度懊悔此行的决定。可等爬到山顶，我们的想法有了一百八十度的转变，极目远眺，海天一色，山水相融，顿感心胸像大海一样广阔，所有的烦恼都抛诸脑后。

山上有佛像，还有一座五层的佛塔，都是古代的建筑。佛塔的顶层供奉着盘古，相传这座山是盘古开天地时的落脚点。

回来后我了解到，中国有许多山都以"笔架山"为名，关于名字的由来，有许多美丽的传说，大家可以找来看看。中华大地因这些形状各异的山而变得壮美，美丽的传说，更是赋予了它们神秘的色彩，闲来登高望远，领略秀美河山，荡涤心灵，倒也悠闲自在。

4
绝顶人来少，高松鹤不群
——丹顶鹤故乡扎龙自然保护区

现在国家正大力提倡生态环境建设，孩子在学校里也接受了热爱自然、保护环境的教育，平时也阅读、观看了很多关于大自然的书以及影视作品。但我觉得这远远不够，在我看来，体验是最好的教育，自然保护区是最好的学校。我们身边没有自然保护区，因此，自然保护区对我们来说多少有些神秘。2018年暑假研学回程时，路过齐齐哈尔，我们当然不能放过这个走进"鹤的故乡"——扎龙自然保护区的机会。

扎龙自然保护区在齐齐哈尔市东南，总面积约21万公顷，为亚洲第一、世界第四大湿地，同时也是世界上最大的芦苇湿地，是中国首个国家级自然保护区，被列入中国首批"世界重要湿地名录"。景区内湖泽密布，苇草丛生，是水禽等鸟类栖息繁衍的天然乐园。保护区由乌裕尔河下游流域一大片永久性季节性淡水沼泽地和无数小型浅水湖泊组成，湿地的周围是草地、农田和人工鱼塘，主要保护对象为丹顶鹤等珍禽及湿地生态系统，是中国北方同纬度地区中保留最完整、最原始、最开阔的自然保护区。

进入保护区，观光小道两边全是芦苇，我们走了很长时间，终于在一片山丘与湖水相接的地方，见到了大量的丹顶鹤。这些鹤比人稍矮一点，翅膀很大，脖子细长，身形优美，因为头上有一块红，所以叫丹顶鹤。身上的羽毛也是有黑有白，很好看。它们的嘴又长又尖，适合啄鱼。世界上现有鹤类15种，而扎龙就有6种；珍贵的丹顶鹤仅有1000多只，而扎龙就有700多只。在这里，我们近距离地与丹顶鹤接触，感受到了它们的美丽与高贵，丹顶鹤的表演又让我们了解到它们善舞、善歌的特点。美丽的丹顶鹤在中国被赋予了美好的寓意，是吉祥长寿的象征。历代文人雅士也多寄情于鹤，诗词、散文、画作中仙鹤的身影也屡见不鲜。

返回时，我们选择了坐船，小船在芦苇丛中的水道穿梭，周围是一眼望不到头的成片的芦苇，内心的感受与平时在钢筋水泥的城市生活迥然不同。

保护生物多样性和生态系统，是全人类共同的使命。湿地与人类的生存、繁衍、发展息息相关，是自然界最富生物多样性的生态景观之一，它不仅为人类的生产、生活提供多种资源，而且在抵御洪水、控制污染、调节气候、美化环境等方面，有其他系统不可替代的作用，被誉为"地球之肾"。神秘和距离的产生，都是因为不了解，而最好的了解认知方式，是参与其中，是体验。我欣喜地看到，从扎龙自然保护区回来后，儿子又拿起了关于珍稀物种的图书，流连其中，还时不时地上网搜索。有时，他也给我们科普一些其他比较有名的自然保护区，并央求我们以后带他去。

第八章
团聚之旅——体会不一样的『情』

"有朋自远方来,不亦乐乎",要让孩子从小感受情,感受爱,学会爱家人、爱同学、爱朋友、爱老师,领略不同地域的民俗风情。

1

雪世界中,红红火火过大年
——黑龙江铁力市

家乡是一个人的精神之源,走多远,都不忘家乡在哪里,内心就有了勇敢前行的力量。2018年春节,我们带儿子开启了回乡之旅。

我和爱人祖籍都是东北,我们在家聊天,经常使用家乡话,所以儿子虽然出生在济南,对东北却有独特的感情。2018年春节,我们计划回孩子姥姥家过年。一提起要回老家,儿子无比期待,他对东北的大雪向往已久。当然,这次千里之行,我们也做了充分的规划,弥补了去年没到宁远古城的遗憾,又到锦州参观了辽沈战役博物馆,然后抵达冰城哈尔滨,之后回到老家桃山。我们回去后,与近三十年未见的小学老师、同学一起搞了一次大聚会。多年未见,同学和老师刚开始略有些拘谨,但很快就熟悉过来,回忆起年少轻狂时的往事,我们仿佛穿越回了那个最天真、最快乐、最浪漫的小学时代。这种感觉，只有在故乡，只有在老家才能体验到。"家不是一个地方，而是一段时光"，家不是一个简单的代名词，承载着无尽的情感。

对于儿子来说，回到东北则进入了一个新奇的世界，这里有济南没有的大雪，有冰雕，虽然寒冷，却丝毫不减他对新事物的热情，玩得不亦乐乎。我们在美丽的黑龙江铁力畅游，圆了孩子多年的愿望。

好些年没有在东北过年了，看着我从小生活过的地方翻天覆地的变化，不由得感叹中国城镇化发展的迅速和美丽乡村建设取得的巨大成就。有人说，家以外的地方，都是远方。无论一个人在外漂泊多久，家乡是心灵永远的归宿。我们的家乡正一天天变美，我们的国家正一天天变强，故乡的繁荣和祖国的强盛是我们永远的期盼。

2

中国林都，天然氧吧
——黑龙江伊春

  2018年儿子小学毕业，在那个特殊的暑假我们策划了一场独特的研学旅行。那是我们这些年来驾车行驶距离最长、跨度最大的一次，累计行驶接近四千公里。而且我们是带着任务的，那就是在老家的县城给孩子的姥姥和姥爷选购一套房。黑龙江的冬天特别寒冷，老家那房子没有暖气，一到冬天就要烧煤取暖，随着老人年龄越来越大，行动逐渐不如以前，我们决定给他们买一套住起来更舒适的房子。这件事我们跟儿子认真交流过，希望他能明白我们的良苦用心。古语说"孝于亲则子孝"，孝是中华民族的传统美德，我们希望用实际行动在孩子心中种下一粒孝的种子。

  买房子这件事一落地，我们变得轻松起来，便开启了返程之旅。由于好多年没有在夏天回老家，因此这次返程我们特意张罗了一些亲友聚会，对此我充满了期待。

离开铁力老家,我们开车前往中国林都——伊春。途中去了日月峡区,由于洪灾,大部分景区关闭了。后来经过马永顺纪念馆,便下高速前往参观。马永顺是黑龙江省的劳动模范:国家建设需要物资时,他是砍树模范;国家需要保护环境时,他是植树模范。纪念馆中有他的事迹的详细介绍。

接下来,我们到了伊春森林公园。公园在山上,我们乘坐观光车前往。路两边的树木遮住了烈日,十分凉爽,让人感觉不到酷暑的炎热。山顶的兴安塔是公园的标志性建筑,塔高47米,塔身11层,为六角仿古型建筑,兼具观光、旅游双重功能。登上兴安塔,向远处眺望,整个城市尽收眼底。看看四周,云雾在山间飘散,河流在山谷中流淌,真好像进入了人间仙境。

游览完森林公园,我们去看望了济南好友的母亲。老人家七十多岁了,身体硬朗,精神矍铄,平时喜欢舞剑。二十年前,我刚到济南的时候和好友一起合租,那时老人来济南照顾了我们这两个毛头小伙子一年。我一直想念她老人家。如今,在这里相见,我们感到分外亲切。大娘见到我儿子,不禁感慨岁月的流逝。短暂停留后,我们依依不舍地与老人道别,路上我给儿子讲起了孟子的"老吾老,以及人之老;幼吾幼,以及人之幼;天下可运于掌"这句话,他若有所悟。

到了伊春市里,我们参加了爱人的大学同学聚会。有好几个同学特意从外地开车赶来相见,晚上大家一起喝酒畅谈,回望求学之路,分享毕业以来各自的发展。聊到开心处,欢声笑语不绝于耳;谈到一路走来的艰难与辛酸,大家眼含泪水,相互鼓励。是啊,不只是孩子的世界,成人的世界也是一样,欢乐和泪水同伴。一直到深夜,大家才恋恋不舍地分别,这一别又不知要多久才能再见……

  人在不断相遇中形成三观，见到什么，想到什么，终究也写在生命里沉淀下什么。现在的孩子，生活圈子很小，基本上是两点一线，相对来说比较单调。这次旅行，让他对于孝、对于尊老、对于友情有了真实的体验，他感受到大人也可以像儿童一样，有说有笑，有感情的毫不掩饰，有彼此的真心吐露。我想，经过这次旅行，他对自己的同学，对老师，一定会有不一样的认识，今后的学校生活也会有不一样的珍惜。

3

蒙汉情深忆当年，纵马千里大草原
——科右中旗

经过千里跋涉我们来到了 2018 年暑假亲情之旅的最后一站——科右中旗。我的大学室友老五就在这里，上学的时候我俩的关系就很好，毕业后他服从分配回到了家乡内蒙古工作，多年来我们一直保持着联系。一见面，他先开车带我们到了一个湖边，湖很大，四周都是草原，湖边还有个临时警察所，用来监测非法捕鱼分子。房间里有一个望远镜，可以清清楚楚看到湖的各个角落，儿子看了甚是惊讶。

然后老五又带我们去了图什业图赛马场，它坐落在美丽的科尔沁草原，奔腾不息的霍林河畔。赛马场主席台为大型蒙古包式造型，设 240 个座位并建有 200 平方米的贵宾休息室，主席台两侧建有 6600 个座位的观礼台，有可容纳 8 万名观众的看台。赛马场门前广场上有"五畜兴旺""飞马"等雕塑和大型彩虹门，并有占地面积2.5万平方米的商业区，整体建筑布局新颖，别具一格，体现了民族传统与现代时尚的统一。赛马场西北侧为蒙古族风情旅游村，由18个蒙古包组成，在这里游客可一睹当地风俗。在蒙古包内，可品尝到具有蒙古族风味和草原特色的奶茶、奶酪、手扒肉等食品和马奶酒。

　　由于时近中午，我们先去餐厅吃饭，里面有包间，可以直接看到比赛。因为靠着湖，这里的菜以鱼为主，十几盘菜虽然都是鱼，但各不相同。餐后，我们去看了赛马，正好今天是赛马日，还有竞猜活动。置身这里，仿佛来到了从电影或电视中看到的香港赛马场！索性，我们也在这里体验了一回赛马竞猜活动。

　　下午我们又去了一个可以骑马的地方。我和儿子都兴致勃勃。我自己骑了一匹马，因为原来在别的地方骑过，所以我略懂一些骑术。儿子不敢单独骑马，他上了马，由一个牵马的人牵着马先走了一段，后来牵马人也上了马，他在后儿子在前，逐渐加速，马跑得飞快，一会儿就把我甩在了后面。儿子下马后跟我说震得浑身疼，由此他明白了为什么骑马人有的时候会站起来。这些都是只有亲身经历后才有的体会。在这里，看到很多蒙古人纵马在大草原上驰骋，我不由得想起了史书中记载的成吉思汗带领蒙古骑兵纵横驰骋在欧亚大陆的征战场面，内心暗自感叹，这就是马背上的民族！我们后来又去了射箭区，有蒙古族兄弟教儿子射箭，着实酣畅淋漓地体验了"83版"《射雕英雄传》的经典场面。

　　晚上我们去了村里的一个蒙古包餐厅，这里的草原上有小山丘，但坡很缓，上面有草，而且还有几棵五角枫树。这附近的环境优美，特别宁静，时不时有羊的叫声。我们在这里吃到了纯正的草原食品，奶干、奶豆腐、纯酸奶、奶茶、烤全羊。羊肉味道很好，与在别的地方吃到的口味不同。特别是蒙古族人招待客人的系有红丝带的烤全羊，让我们一家人很是感动，充分领略了蒙古族人的待客之道！

老五的几个蒙古族好哥们陪着我们喝酒聊天，我和老五一起回忆起了上大学时的事，许多事历历在目，仿佛就在昨天。聊到兴奋处，有朋友用啤酒瓶当麦克风唱起蒙古歌曲，同时有朋友用筷子敲打碗碟伴奏，我被拉起来跟着他们一起跳蒙古舞蹈，在这样的气氛下，我们一点也不觉得扭捏，很容易就被带动起来，玩得不亦乐乎，这是我第一次体验到蒙古族同胞的热情与豪迈。

相聚是短暂的，多年未见的同窗、同舍好友在欢声笑语中道别，相约在山东济南再次相聚。

回程的途中，我们一家三口聊起了科右中旗之行。我们古代的六艺——礼、乐、射、御、书、数，我们在蒙古族同学的家乡充分体验到了其中的四个，即礼（热情）、乐（能歌善舞）、射（射技精湛）、御（马背驰骋）。儿子也说原来只是从书本或是电影电视中看到这些，这次深刻体验是那么真实和有趣，同时他也被我们珍贵的同学情所感动。

下 篇

生活的世界

——倾心陪伴共成长

第一章 处处留心皆学问——知识来源于生活

家长是过去的孩子,孩子是未来的家长。不管是否承认,家庭教育都会潜移默化地渗透进孩子的血脉,父母的影子永远印在孩子的行为底色中。

1
亲子沟通，书信有妙用

在陪伴孩子成长的道路上，特别是在孩子青春期阶段，家长的倾听，特别是会倾听变得尤为重要。如何建立有效的沟通？会倾听是前提。然而会倾听的家长并不多，特别是妈妈。

无论生活还是学习，只有倾听孩子的声音，才能真实地了解孩子内心的想法和变化。一味地讲大道理，要求孩子按照家长的意愿去做，往往会催生逆反。如果孩子不愿意面对面地沟通，不愿意向家长敞开心扉，我们该怎么办？我建议不妨试着用书信这种特别的方式，慢慢与孩子建立融洽的关系。

书信是人们表达情感的一种重要方式。尽管互联网的兴起，让书信的地位大不如前，但是，谁也无法否认书信交流的独特魅力。用书信交流时，感情表达、事情陈述更为细腻，让我们感觉亲切温暖。当孩子触摸到信纸，看到父母写给他的文字，相信孩子心中的坚冰会慢慢消融。长此以往，孩子早晚会敞开心扉。

"两地书",打开心灵的钥匙

几年前跟一位家长聊天时,聊起书信的妙用,她谈到了女儿与老公过去一年的特殊沟通方式——书信。当时孩子已经上小学六年级了,即将升入初中。孩子的爸爸要去意大利工作一年,而孩子正处于青春期,需要爸爸正确地引导,怎么办呢?机场道别的时候,爸爸与女儿约定彼此每周写一封信寄给对方。

就这样,两人开启了为期一年的书信往来之旅。写什么呢,爸爸信中所写主要内容就是工作中遇到的问题、生活中的开心事、外出旅游的见闻等。而且只要去旅游,爸爸总会买来印有当地景点的明信片,然后连同信件一起寄给女儿。

值得一提的是博洛尼亚大学之行,博洛尼亚大学被誉为"世界大学之母",伫立在校园内,爸爸被深深震撼到了,为此他写了一封很长的信。信中他提到,博洛尼亚大学是意大利一所久负盛名的综合研究型大学,欧洲和世界一流学府之一,该校与巴黎大学(法国)、牛津大学(英国)和萨拉曼卡大学(西班牙)并称欧洲四大名校,被誉为欧洲"大学之母",是世界公认的拥有完整大学体系并发展至今的第一所大学,始建于1088年,至今已有900多年的历史。信中他还历数了该校的知名校友、教师,以及与这所名校相关的逸闻趣事。去欧洲其他知名大学时,爸爸也是如此。爸爸希望通过这些介绍,带给女儿身临其境的感觉,从而让她对将来的大学生活产生美好的憧憬,从初中就开始认真规划未来的学业。事实证明,这对孩子之后的成长确实起到了至关重要的作用。

爸爸当然也会去其他一些旅游胜地,如浪漫水城威尼斯、充满地中海风情的阿马尔菲海岸、艺术殿堂佛罗伦萨、时尚之都米兰等,每到一处,他都把所见所闻用书信告诉女儿,让女儿通过自己的眼睛一窥外面世界的精彩。尽管女儿的回信不像爸爸那样一周一封,但也能做到每个月两封。

这样的交流拉近了父女的距离,让孩子觉得爸爸一直在自己身边,爸爸的爱从未间断。通过这一年的书信往来,女儿跟着父亲学到了很多知识,开阔了眼界。小学毕业后她顺利升入了一所知名初中,三年后又进入了一所知名高中,女孩立志三年后到国外知名大学读书,学成之后回来报效祖国。这也许就是书信的力量吧!

有一次,我到外地出差,跟一位客户聊天,聊着聊着就聊起了教育孩子的事情。他在山东工作,孩子在山西的一所寄宿制学校读小学,可想而知,两人见面的机会并不多,他们的沟通必然也很少,陪伴孩子成长更是一种奢望了。我建议他身不在而心要始终陪伴着——动笔给孩子写信,每周至少一封,同时鼓励孩子写回信。我认为寄信最好通过邮局而不是快递,每次寄信时要精心挑选邮票,让孩子感受传统交流方式所带来的不一样的感受,同时了解邮票背后的文化。或许刚开始学校只有他一个学生收到这样的来信,同学们会用这样或者那样的异样眼光看他,我们可以寻求班主任老师帮助,让班主任来引导孩子们,久而久之孩子会以收到来信为荣。

不可否认,电话、微信等已经成为人们交流的主要工具,传统的书信往来逐渐淡出人们的视野,但我个人认为书信还是很好的沟通交流方式,有些时候在亲子沟通中更有妙用。我敢断言,如果这个家长能坚持下来,他与孩子间的关系会有质的飞跃。不要指望孩子会很快回信，当你的坚持变成习惯，回信早晚会收到。

以我为例，在我上学的时候，爷爷经常给我写信，收到来信时的心情是格外美妙。进入 21 世纪，手机开始普及，但我和爱人那一年多的异地恋最重要的交流方式仍是书信，那时候我们对能收到彼此的来信充满了期盼。时至今日，当年的往来书信我们仍然保留着，都是满满的幸福回忆。亲子书信何尝不是一样的呢，通过这种特殊的交流方式，会打开彼此的内心世界。

十四岁，爸爸对你说

这么多年来，我给儿子也写过一些书信，比如遇到学校的一些活动（如孩子外出营地活动）时。当面不敢说、不能说、不好说的话可以在信里说，而且你会发现随着写信不只写作水平、交流能力得到了很大提升，亲子关系也变得更为融洽。

以下是儿子十四岁时我写给他的信——

亲爱的儿子：

你好！

时间如白驹过隙，转眼间你就十四周岁了。这是人生的一个分界线，标志着你从此告别儿童时代，成为一个少年了。在这个特殊的日子到来之际，爸爸思来想去，决定给你写一封信作为特殊的生日礼物送给你。

十四年前的今天，你带着对一切的好奇与希望来到了这个世界，你的到来给这个家庭带来了许多美好的憧憬，同时爸爸妈妈也平添了一份责任与担当。

人的一生，是一个漫长的过程，但紧要处就那么几步，有时错过了，就无法挽回。而少年阶段，恰是人生中一个极具挑战也非常美好的阶段。因为这一时期奠定了一个人一生最为重要的基础；也因为在这个时期，一个人摆脱了童年的懵懂和依赖，有了初步的自觉和独立意识。一切才刚刚开始，一切皆有希望。

对十四岁的你，爸爸想说的话很多，一时却不知从何说起。

你的名字是爸爸起的，爸爸希望你能豁达开明，将来有所作为，像太阳一样恩泽大地。一个人活在世上，一定要有目标和追求，并且为此而不懈地努力。同时，要如大地容载万物一样，有醇厚的品德、宽广的胸怀。

十四岁，从法律上说，你已经可以承担部分法律责任，要对你的行为负责了；从生理上说，你开始从少年进入青年，有自己的思想了。爸爸由衷地为你高兴，同时也祝贺你长大。

这十四年来，爸爸妈妈为你付出了很多，你也经历了学习的辛苦与压力、生活的烦恼与快乐。最重要的是你平安、健康地走过了十四个春秋。你今后的人生道路还很长，给予你生命的父母不可能永远陪伴你，总有一天你要高飞，总有一天父母将抛下你独自在这世界上。

十四岁的少年，已经是一个男子汉了。而男子汉最重要的特质，就是要有责任感，敢于担当。现在，你是一名初中生，尽最大的努力学习好，并力争德智体美劳全面发展，是你这一阶段应尽的一份责任。凡事要用心，要精心地做好每一天的每一件事。

其实，爸爸妈妈都很佩服你，佩服你一路的坚持，并不断突破自己。同时，对你的广泛爱好，爸爸特别高兴与欣慰。就像林则徐说的，"苟利国家生死以，岂因祸福避趋之"，希望你沿着志趣这条路勇往直前，成为一个对国家和民族有用的人。

你还记得爸爸在同学聚会的时候，坚持去接我们的老师来参加聚会，并对同学们说过的话吗？"三十多年来，一批又一批像曾经的我们一样的青涩少年们，在老师们的谆谆教诲中，慢慢地长大、成熟，然后离开，去奋斗。老师们的心血，点点滴滴都化作了滋润我们成长的营养。我们吮吸着这些营养，一步一步地成长起来了。"

儿子啊，一定要珍惜少年时的同学情，一定要感恩老师。一日为同学，终身是同学；一日为师，终身为师，师恩重如山！

人生就是一步一个脚印，从我不会做，我不能做，到我想做，我该怎么做，我会尽量做，再到我能做，我会做，我做到了，直至我做得很好。在这一过程中，我所希望的是，你身心健康，学习优异，更重要的是要讲文明、有爱心、勇于进取、敢于担当，成为一条响当当的汉子。

今后的四年，也就是你满十八岁前的日子，是你人生中最最关键的时期，是积蓄知识能量、夯实人生基础的时候，可以说它决定着你整个人生的走向。你一定要牢牢抓住，切不可掉以轻心。为此，爸爸给你几点希望和建议：

一、如果你能利用好这段时间（特别是这个超长的寒假），把这段时间的所得积蓄起来，到了将来，这些积蓄将会生出很多利息，让你得到丰厚的回报。年轻时如果没有打好学识的基础，到了一定的年纪，你就会变成一个乏味没有魅力的人。因此，你现在唯一要做的就是充实自己。

二、对小事也不疏忽的人必定会有大发展。爸爸发现你做事有点不顾小节，没有认真打理好你自己的事。比如：整理你的书桌、房间，注意个人卫生，良好学习、生活习惯的养成，你的作息时间的安排，等等。千里之堤毁于蚁穴，不注意小事会引发大乱子，所以希望你在平时，即使是再细微的事情，也要努力去办好。

三、养成良好的读书习惯是人生的关键。不仅要多读书、读好书，还要从书中学到知识和做人的道理，健全自己的人格。有句话叫"腹有诗书气自华"，希望你能成为有魅力的男子汉。虽然，很多有成就的人没有受过良好的教育，但并不等于不用功读书可以成功。你学到的知识，就是你的武器。人，可以白手起家，但不可以手无寸铁。切记！

四、做一个有责任感的人。责任对于一个人是至关重要的，对于一个将来要成为男人的男孩子来说更为重要。因此，爸爸希望你做一个有责任感的人。自己的事自己做，不依赖他人；承诺的事情就一定要做到；敢于面对挫折，勇于承担错误……这些都是有责任心的表现。

五、你要记住，在你一生中，没有人有义务要对你好，除了我和你妈妈。因此，对那些对你好的人，你要懂得珍惜和感恩；对你不好的人，也不要心怀芥蒂，要学会宽容。

六、我不会要求你供养爸妈下半辈子，同样地，我们也不会供养你的下半辈子，当你长大到可以独立的时候，我们的责任便完结。以后，你要坐巴士还是豪车，吃鱼翅还是粉丝，都由你自己决定，命运掌握在你自己手中。

2020年注定是不平凡的一年，一场突如其来的新冠肺炎疫情的大暴发、大流行改变了人们的生活，也让全世界人民重新认识了疫情下的各种无奈、辛酸、痛苦、泪水和不易。有的人活着似乎更甚于活着的意义，但也有更多的人逆流而上共克时艰，他们为了祖国和人民，活出了真正的精彩人生！

　　最后，我想说的是：我们这样朝夕相处的日子会越来越少，我希望在以后的日子里，我们不仅做无话不谈的好友，更是情真意切的父子。有时候你考试成绩不理想或有什么事情做得不如意，我的态度和处理方式可能会使你不高兴甚至反感。但儿子，希望你理解爸爸，爸爸是希望你进步，希望你更好。同时，爸爸也要向你道歉，由于我的猜疑、不信任给你造成了压力，这样的态度和处理事情的方式的确很不好，爸爸今后会尽量改变，做一个相信儿子的爸爸。因为我也曾和你一样，有过少年、青年，爸爸会尽力地理解你。

　　青春是人生最美丽的时期，就像春天刚刚破土的嫩芽，虽然纤细、单薄，但它蕴涵着无数的希望和期待，希望你拥有一个美丽、愉快、充实、幸福的青年时代！

　　最后祝儿子十四岁生日快乐！

爱你的爸爸
2020年3月31日

　　儿子告诉我，这封我近乎忘却的纪念信，他一直珍藏着，并说这是他永恒的生日纪念。从中，我感受到孩子生命成长的律动，感受到孩子的健康成长，同时，也欣慰地感受到"手中余香"的绕梁气息。

2
数学问题如何解，生活处处有启发

我们都知道，数学比较枯燥，是相对难学的科目，但数学又十分重要，是其他学科的基础，有些孩子甚至从幼儿园就开始学习数学知识。在我看来，学好数学最重要的是理解，理解最重要的是对事物的感受和认知，而感受和认知主要来源于生活，那么怎么样从日常生活和外出研学中润物细无声地学习数学呢？

重在理解，边走边数

小时候带儿子出去逛街，会经常碰到路边均匀间隔的树木，我会下意识地让孩子去数一数一段距离内树的数量，看看有多少个间隔，也会让孩子用脚步去量一量相邻两棵树之间有多少步，看看下一个间隔有多少步，让孩子判断是否一样。很多时候都是在无意中带着孩子当成游戏去做，看看一家人谁数得准。有的时候爱人会故意数错，为了验证我们就要重新数。看似简单的小游戏，却非常有助于孩子理解小学数学中的不少问题。比如，把一条线段分成六段需要几个点？这类题比较简单，只要动笔画画就能很容易地数出来，可要是分成100段呢？再如，一段路旁种植的每两棵树间的距离是50米，一共有20棵树，问：这段路有多长？反过来问，这段路有1000米，共有多少棵树？当然这类问题可以改头换面，比如把树换成电线杆等。其实解答这类题目的关键是孩子能够真正理解题意，如果在平时的行路中，有意识地让孩子亲身体会并认识到两棵树才能构成一段距离，有了切身体验，孩子在数学学习中就会很容易理解这类数学题，并且不会出错。

数学中同类的还有爬楼梯、锯木头等问题。举个例子，小明家住在六楼，小华家住在四楼，楼层间楼梯级数相同，小华回家要走48级楼梯，小明回家要走多少级楼梯？这类问题和数树问题一样，或许你讲了好多遍孩子也不一定听得懂，有的当时懂了，以后遇到类似的问题还是做不对，原因出在哪儿？还是没有真正理解。如果带孩子去亲身实践一下，问题就会迎刃而解。再如商场的自动扶梯匀速由下往上行驶，两个孩子嫌扶梯走得太慢，于是在行驶的扶梯上，男孩每秒钟向上走2梯级，女孩每2秒钟向上走3梯级，结果男孩用40秒钟到达楼上，女孩用50秒钟到达。问：当该扶梯静止时，可看到的梯级共有多少级？这类问题同样来自生活，不妨带孩子到商场去走一走，体验一下。

至于数学中常考的路程、行程问题，也不难。

相信每位家长都曾带着孩子或驾车或坐火车、乘飞机等外出过，在行路中，会碰到更多的数学问题。我们一定要抓住机会充分引导。比如驾车出发前，和孩子一起制订研学行路计划，引导孩子从地图中找出此次出行的目的地，计算距离目的地的里程数，做好规划,每天要走多远的路,先到哪里,后到哪里,从而推断出到达目的地要用多长时间,也可以估算假如以一定速度匀速行驶到目的地需要多长时间……这种行路中的启发与引导,核心就是让孩子真正感受到数学问题来源于真实的生活,离我们并不遥远,可以让孩子直接感受 100 公里有多远,1000 公里有多远……类似的追及问题,不妨借行路中的超车现象加以引导。

此外,在坐火车出行的时候更可以近距离接触到火车穿越隧道的数学应用问题,如果孩子明白了火车头进入隧道时就要开始计算,火车尾出隧道才算穿越完成,相信孩子一定会明白解答此类题目的内在逻辑。作为家长,特别是当爸爸的,不论孩子有没有学到这类问题,都可自然而然地在行路中一起跟孩子聊聊这方面的知识,还可以拓展一下,聊聊高铁车厢里所显示的"385KM/H"是什么意思,会车时人为什么感觉车速变快,等等。

有的时候孩子遇到某类问题就是想不明白,怎么办呢?明智的家长不会再继续讲下去,会放到第二天再讲。但也有家长会带着孩子去体验,来一场说走就走的疯狂数学体验之旅。记得 2015 年儿子上四年级时的一个周末,那时候济南附近没有铁路隧道,我和儿子买了一张去往德州禹城的普通列车的车票,真实地体验了一下穿越"隧道"的感觉。我们特意去了最前面的车厢,当车头进入黄河大桥的时候,我们透过车窗向车后望去,只见车厢一节节进入大桥,当车头部位驶出大桥的时候,再向后望去,后面的车厢还在桥上穿行;回来的时候我们就到车厢的尾部去体验,当车头驶出黄河大桥的时候,我们依然在桥上,最后驶离大桥……孩子一路上很兴奋,不断地和我讨论问题,兴致勃勃,学得不亦乐乎!这样的研学之旅看似疯狂,却有妙用,不仅帮助孩子理解了此类数学问题，还在孩子脑海中植入生活的画面，等再遇到不太好理解的问题时，孩子会先思考再动笔。除此之外，这种体验还可以增强父子一起解决问题的合作意识，让亲子关系更加融洽。

农村之行，妙解鸡兔同笼

鸡兔同笼问题是小学数学的难点之一，早在一千多年前《孙子算经》里就已出现。对于孩子，尤其是缺少农村生活经验的孩子而言，理解起来确实有难度，只有化繁为简，增加体验，才能更好地破解鸡兔同笼问题。鸡兔共20只，一共有50条腿，问鸡兔分别有多少只？一道看似再简单不过的数学应用题，不知难倒了多少同学与家长，老师讲，家长讲，甚至辅导班也讲，但仍然有很多同学无法理解，有的时候听明白了，也会做了，可换个问法又会出错。

孩子四年级时，我们也遇到了这种困境。现在来看这类题目很简单了，有好多种解法，可那时候让孩子真正明白还真有点难度。一个偶然的机会我们一家回农村老家，孩子跟兔子和鸡有了近距离的接触。当他通过观察，真切地知道鸡有两条腿、兔子有四条腿的时候，这类题就好理解了。除了方程和假设法，我无意中从网上看到了另外一个非常简单的解法，那就是尝试着用"砍腿"来解题。就上面那个题而言，第一轮每只鸡兔砍一条腿，还剩30条腿，再砍一轮，还剩10条腿，这时候会发现鸡屁股着地了，剩下的腿都是兔子的，这时候如果孩子不能够理解兔子四条腿砍掉两条应该还有两条腿的话，就会出错了。所以一定要让孩子在脑海里对每种动物有多少条腿有正确的认知。用其他方法也是一样，真正理解了，一切便迎刃而解。

走出去，去沐浴阳光雨露，体验不同的生活，要远比陷在题海中为了做题而做题重要得多。一路走过来，你会发现很多学科能力自然而然地提高了，生活是最好的老师。

财商教育，必不可少的一课

教育家默克尔说，金钱教育是人生的必修课，是儿童教育的重心，就如同金钱是家的重心一样。记得儿子小学三年级的时候，积攒了不少压岁钱，他央求妈妈去存入银行，于是我们去银行办理了子母卡。在银行我们让孩子详细了解了一些有关理财的知识，什么活期、定期、利息等，也少量提及了一点基金、债券的小知识，最终选择什么样的方式我们让他自己定。他似懂非懂，但看得出他很在意。有了这次经历，在之后的学习、生活中，他会有意识地了解理财方面的知识，等到五年级的时候已经可以自己计算哪种方式利息更高。

当儿子的压岁钱积攒到了10000元时，有两种选择摆在面前：一种是存两年期的，年利率是2.43%；一种是先存一年期，年利率是2.25%，第一年到期时把本金和税后利息取出来合在一起，再存一年。儿子仔细计算后，选择了前者。这类问题在小学高年级甚至初一的时候会碰到，倘若孩子在现实生活中有过真实的体验，这类题目也就不难理解了。因为这涉及他的切身利益，他会认真计算做出明智的选择。

同样地，生活中我们去超市或者商场购物时，经常会看到商家搞活动，打折、满减、折上折，各种招数五花八门，其实这里面有好多小陷阱，搞不好你就多花一些冤枉钱。遇到这样的机会千万不要错过,要引导孩子理解促销的内在逻辑,了解各类促销手段是什么意思,当孩子明白这些规则后就可以进行实际的推算。我们总是鼓励孩子大胆计算并付诸最终的成交行动,特别是商家两种促销活动一起搞的时候,那真是考验顾客的计算能力!这种真实场景下的数学实战应用题,真的会激发孩子的求知欲,毕竟节省下来的钱都是自家的。

最好的学习是"用以致学",在实践中,把抽象的知识具体化、生活化、情境化,让枯燥的知识变得有趣、有料、有挑战。"玩中学"是大智慧。

以上就是我带着儿子在应对数学学习中的一些小经验,类似这样的情况还有很多,相信只要家长肯于陪伴,做生活的有心人,一起面对诸如此类的数学问题,孩子就不会抵触数学学科,因为他会觉得数学不再枯燥,现实生活与数学分不开。同时当你把问题交给孩子让他独立去解决时,孩子无形中有了自信,久而久之,他就会喜欢上数学,遇到难题也可以积极面对了。

3

培养学科学习素养——孩子需求有效满足

提升地理、历史学习能力,研学路上有方法

  几年来的读书行路开阔了孩子的视野,孩子因此收获了更多书本之外的知识。学校在窗外,求知在路上。研学的过程中,孩子学习的主动性被充分激发。很多地理知识的扩展,都是我们在研学路上不断总结的结果。一张中国地图、一本中国地图册,这是车里必备的。通常,我们爷俩会在出发之前研究制定路线,把中国地图铺开,一起寻找旅行目的地并做好标记,有时会在地球仪上进一步明确所去地方的地理位置,包括经纬度等,也会去辨识一路经过的地理风貌(平原、山地、江河湖泊等),一路穿越的省份城市的气候状况,准备所需的衣物等。

  所有这些林林总总都是获取地理知识的途径,到了实地,我们的体会更深。比如冬季东北之旅，我们充分领略了气候的变化。我们的居住地山东济南冬季的较低气温也就零下三四度，一般都在零上，也很少下雪。但同一季节的伊春却迥然不同，那里冬季漫长而寒冷，气温多在零下十几度，夜晚最低温度有的时候会达到零下三十多度，到处都是厚厚的积雪，大地银装素裹，在那里天亮得要比山东稍早一些，让人多少能感觉到时差的存在。与之相反，长江以南的福建又是另一种感受，那里气温都在零上，如同济南的春天。通过这样的研学之旅，我们体会到祖国的地大物博、山川秀美，更感受到了不同地域的民俗风情，也了解到不同地区的特产及当地经济产业的发展。这些不是我们书本所学地理知识最好的注解吗！

在研学过程中，我们还可以跨越历史的长河回到从前，用心去体会史书给我们带来的成长与收获。每当孩子提出去历史名人故居或者古代文化遗址看一看的时候，我们都会第一时间给予回应，根据实际情况确认研学行程。

中国拥有悠久的历史文化，多年行路下来，不仅孩子就连家长也被悠久的历史文化所浸润、所感染——

我们在河北涿鹿的三祖圣地"看到了"华夏文明的开始。

在山东曲阜孔府孔庙、山东邹城孟府孟庙，"看到了"百家争鸣，更"看到了"先贤给我们留下的传统文化。

在山西高平"看到了"冷兵器时代最惨烈的长平之战，"看到了"战国时期国与国的钩心斗角。

在西安兵马俑"看到了"秦王嬴政统一中国，结束了上百年战国之乱。

在成都武侯祠"看到了"三分天下的蜀国，了解了三分天下终归晋。

在西安大明宫"看到了"唐太宗李世民发动"玄武门事变",并由此开始了"贞观之治",开创了大唐盛世。

在成都杜甫草堂"看到了"唐朝诗词歌赋的发展与成果。

在成都三苏祠、山东章丘李清照故居、济南历城辛弃疾故里、杭州岳王庙,"看到了"宋王朝高度发达的经济、高度繁荣的宋词文化,更"看到了"宋王朝走向灭亡的必然。

在内蒙古乌兰浩特的成吉思汗庙,"看到了"叱咤风云、气吞万里如虎的铮铮男子汉铁木真的征战。

在江苏南京古城墙、河北怀来土木堡事变遗址、山东蓬莱戚继光故里、辽宁兴城宁远古城,"看到了"大明王朝初创者朱元璋的忧国忧民和后来大厦将倾、风雨飘摇的动荡。

在辽宁遵化清东陵、河北直隶总督署,"看到了"大清王朝的康乾盛世,也"看到了"清末闭关锁国给华夏带来的深重灾难。

……

也正是在这些读书行路的过程中,我们和孩子深切体会到中国历史的沧桑,之后孩子在学习地理和历史这两门学科时并不觉得枯燥,相反获得了许多书本之外的拓展与思考。让孩子爱上学习不能一味地说教,寻找一种方式,和孩子一起去感受知识之美,让知识变得鲜活,世界变得明朗,热爱变得纯粹。

让孩子喜欢生物,这样的机会不能错过

人人都有需求,当孩子向家长提出需求,特别是有助于提高孩子综合素养和各种能力的一些需求时,我们家长应该怎么做呢?

记得儿子上小学三年级的时候,有一次学校组织这一级部的

所有学生去青少年教育实践基地参加为期一周的活动，儿子参加完活动回来后，第一时间向我们提出想购买一台显微镜。他告诉我们在基地用显微镜观察植物细胞特别有趣，在那里没看够，想着回来继续研究。我的第一反应就是立即购买，当晚就和孩子一起从购物网站上挑选了他心仪的显微镜。第二天孩子收到后，兴奋了好几天，到处找植物观察，还让我们一起参与，对观察结果进行讨论。

过了不久，他又让我们帮着买一些载玻片，这些需求我们都及时给予满足。我们认为，第一时间给孩子及时的答复满足他的需求，会让孩子从心里觉得父母重视他，那么以后类似的合理需求他还会继续向父母提出。相反，如果家长不能第一时间答复，一次，孩子可能会觉得没什么，但是两次、三次都是这样，孩子可能就不会再向父母提出他的需求了，而父母也丧失了绝好的发掘孩子兴趣、放大孩子喜好的机会。

这样的合理需求非常有益于孩子的成长和学习，可以极大地提升孩子的综合学习能力。经过对生物细胞的探索，儿子对生物的学习充满了兴趣和好奇，学起来十分轻松。初二生物结业考试，儿子获得了 A 的成绩。

化学、物理很枯燥，这样引导兴趣高

儿子小学六年级的时候因为接触到了化学这门学科，提出购买一套金属样品。当时，我们一家查阅各种资料、咨询老师朋友，仔细研判购买回来的风险，确保没有安全问题后下了单。收到这些金属后，他着实兴奋了好几天，天天对着书研究。小小的他对化学有了初步的认知，并产生了浓厚的兴趣。进入初中学习化学这门学科时他兴趣盎然，完全不费力。

因为对航空母舰和巡洋舰等的痴迷，我们还购买过包含上千个零部件的海上军舰。他利用寒假的大块时间组装，当组装完成后，一艘海上巨无霸驱逐舰展现在眼前，他那小眼睛里闪烁着喜悦的光芒。

从小学四年级时儿子就对物理学产生了浓厚的兴趣，对天体物理孜孜以求，简直到了痴迷的程度。记得儿子上初二时，爱人有一个病号是山东大学物理系的大一学生。爱人灵机一动，想着能否试着让两人接触一下，结交新朋友的同时也能学到一些东西。于是，经过与那位大学生交流并征得儿子同意，我们聘请了那位大学一年级的新生不定期来家里给儿子做家教。因为两人年龄差距不大，所以交流起来不存在任何障碍，相同的热爱又让他们更愿意在一起学习并研究。我们的初衷不是为了提高学习成绩，而是希望两个孩子有思想的碰撞、学识的引领，"一个灵魂唤醒另一个灵魂"。在一年的时光里，儿子除了学习知识，更多的时候是与那位大哥哥交流分享。大哥哥会带他去山东大学的宿舍体验，去他们大学的教室一起学习，去山大的图书馆借阅……

一年的相处对儿子的改变是显而易见的。相较师对生、父对子的说教，这种同辈的引领对孩子的触动更大。当初二开设物理这门学科时，孩子学起来可谓非常轻松，初三参加了京师物理探究——中学应用物理综合实践活动，获得了国家二等奖的好成绩。兴趣是最好的老师，当有机会能给孩子带来更多学习兴趣的引导时，我们家长务必想办法找资源来满足。资源就在身边，只是缺少发现。从孩子的需要出发，办法总会在你"爱如山"的寻找中出现。

亮点放大——孩子不爱学习爱烧菜

我有一位客户家庭条件很好，但孩子不爱学习，钟爱做饭、烧菜。这位客户还算开明，并没有极力反对。但是因为孩子学习成绩不好，偶尔也会说说孩子，要求她好好学习，别总围着锅台转。这对孩子影响不小，她觉得父母不尊重她，不了解她，甚至因此发脾气。我给他提了一个建议——带孩子去上海米其林三星餐厅共进晚餐，最好能邀请主厨来一起聊聊天，让孩子知道当一名出色的厨师需要哪些能力，如：1. 精通一门外语；2. 精细和严谨的做事风格；3. 可以承受极大的压力；4. 有足够的恒心、毅力、坚持；5. 有超强的记忆力和对食材的理解力；6. 具有海外留学的经历；等等。孩子如果未来想当一名出色的厨师，这位主厨（月薪三十万人民币）就是榜样。这就是兴趣目标的建立。相信孩子有了这样一段经历，会知道当下作为学生的她应该做些什么。如果想达到理想的效果，家长要做好充分的准备工作，比如确保主厨会来跟孩子交流，点孩子喜欢的菜式，让孩子一辈子记住这场生动的教育课。孩子一旦有了兴趣，有了动力，相信优秀的学习成绩会水到渠成。

趣味数"字"法，游戏中初识文言文

好多年前，听一个朋友聊起他引导孩子阅读文言文的经验，特别受启发，不一定适合所有的孩子，但我个人觉得是很好的妙招。《论语·学而》是小学阶段的必背篇目，可文言文枯燥，不要说学生，我们大人也不愿意去背诵，朋友的儿子也是如此。被逼无奈下，他想了个办法。一天儿子放学到家，爸爸若无其事地跟

儿子说："儿子，爸爸知道你不愿意读，也不愿意背，这个《论语·学而》确实有些枯燥，爸爸理解你，不如咱们做个游戏吧，不难为你去读背了，你只需拿着书数一数第一章里有多少个'子'字。我看看你能数对吗？"儿子一听是游戏，顿时来了精神，眼睛放光，说道："这个太简单了。"说着欣然接受，真的去数了。不一会儿就得到了答案，并告诉爸爸。爸爸当场给予肯定，夸赞儿子数得没错。

第二天爸爸故伎重演，让孩子来找"曰"字有多少个，但这次儿子数错了，又重新数了一遍才数对。第三天，又换成了"也"字，并要求标出有"也"字的句子。就这样，在爸爸的循循善诱下，儿子为了能数对，逐字逐句慢慢地找，并做了不同的标记，以免做重复的工作。没有多久，孩子惊讶地发现不光读得很顺溜了，有的句子竟然能背诵下来，而且能理解其中的意思了。

多么智慧的爸爸！儿子小学的时候我也用了这个方法，效果很不错。特别是《三国志》，很难读，这个小妙招，让孩子的文言文阅读能力有了很大的提升。但是当孩子大些的时候，这个方法似乎就不太灵光了。所以有些方法的运用要趁早，你学会了吗？

看影视作品，增知识学英语——营造氛围好提升

从小到大，儿子看的纪录片多数都是我陪他一起看的，看完之后彼此分享感受，其间，尽量地多倾听孩子的感想与收获。慢慢地，我发现不只是孩子成长了，家长也在进步，了解了很多原先不曾涉猎领域的知识。

这么多年下来，我陪儿子看过的纪录片很多，印象较深刻的有《史蒂芬·霍金宇宙大探索》《仰望夜空》《探巡火星生命》《伊拉克战争》《白光/黑雨：广岛长崎之毁灭》《伟大的卫国战争》《珍珠港疑云》等，好多都是英文解说、中文字幕。后来，也找了一些国外知名大学的纪录片来看。

在此，重点提一下《空难调查》，这是一个系列纪录片，孩子看了好多遍，还写下了波音737MAX将来停飞的科学推断。后来他的推断得到了证实。

以兴趣为出发点，让英语学习变得轻松、自然。长此以往，通过英文电影和纪录片的观看，孩子的英语听力水平有了突飞猛进的提高，阅读能力也大幅提升，还真是"兴趣是最好的老师"！

成功的背后总是惊人的相似，省实验学校国际部的一名同学（现就读于美国常青藤名校）的做法值得推荐。

那是在四年前的一个寒假，我带着孩子一起聆听了她如何成功地被美国名校录取的学习成长之路。其中，印象特别深刻的是她学习英语的方法，她就是通过观看影视作品，长期耳濡目染后系统地总结出了适合自己的学习方法。有一部美国电视剧她居然看了六十多遍，以至于很多经典台词和对话她都能倒背如流，而且配音惟妙惟肖，与电视剧丝毫不差。她的热爱和专注让我们钦佩，受她的启发和影响，我们更坚定了通过观看影视作品加深英语学习的方法。

并不是所有的孩子都喜欢或适合这样的方法，也许有的孩子不喜欢看英文电影、电视剧，这就要求父母多去想一些办法来共同引导兴趣。尤其抓住孩子喜欢的某个点去放大他的爱好，进而引发兴趣，帮他实现第一步的跨越，但记住千万别带有功利心去逼孩子做这件事。第一步永远是最难的——听不懂、看不会，难以理解西方国家的文化背景、价值观念、行为准则，对剧情内容不够喜欢，等等，这些问题都需要家长陪着孩子一起面对，捕捉他的兴趣切入点，进而引领、激发。记住：尊重、引导、陪伴、倾听、分享是最简单的方法，这种方法孩子年龄越小时越好用。

这里有一点我觉得有必要补充一下，尽量不要用手机看。在影院或通过电视观影的最大好处就是能相对保护孩子的视力，也能让视觉、听觉等得到最大限度的满足。当然，如前所述，家人的陪伴很关键，如果可以，最好家人一起观看。

观看之后，如果条件允许可以让孩子购买相关书籍进行深入阅读，我们家很多书都是这么订购来的，有些书我们家长都从未听说过。

4
父母好好学习，孩子天天向上

2020年9月，爱人计划报名2021年4月口腔主治医师的全国考试，所以提前开始系统的学习，时间紧任务重。恰巧儿子也开启了初三的学习，将于2021年6月迎来人生的第一次大考。

我没有考试的压力，索性就多读点书，写写日记。他们娘俩备考的这多半年时光，每天家里都充满了学习的气息。儿子下了自习回到家虽然已经很累了，但看到妈妈还在鏖战于书海，受到激励和影响，不自觉地就会再学会儿或者看看书。两代人奋斗拼搏，画面温馨而宁静。当然结果也是令人欣喜的，爱人通过了那场相对比较艰难的考试，为儿子开了个好头，树立了榜样。不久儿子也顺利通过了5月底的推荐生考试，不用参加中考而直接进入了理想的高中。

这就是陪伴的力量，更是沉浸式陪伴的凯歌，身正为范胜于道理灌输。都说陪伴是最好的老师，如果我们当家长的能躬身入局，当好孩子的榜样，何愁孩子不优秀！

5

兴趣的力量

爱因斯坦说：兴趣是最好的老师。

每个人都会对他感兴趣的事物第一时间给予注意并积极地探索，而且会心驰神往。诚然，家长、学校和社会都在有意识地发现、培养孩子的兴趣，但效果却不尽如人意，问题出在哪儿？细节。有没有抓住时机正面引导，这一点很关键。

我曾利用孩子的兴趣，巧妙地用一套图书解决了孩子沉迷游戏的难题。那是孩子上二年级的时候，《植物大战僵尸》游戏风靡全国，特别是小学生，如果没玩过，就无法跟同学聊天。同样，我儿子也喜欢，忍不住常玩。一个偶然的机会，一位大学同学在聊天中问起儿子的情况，我特意提到了玩游戏，她说可以送我一套《植物大战僵尸》的书，帮助孩子打通关。我的第一反应就是解决孩子沉迷游戏的方法找到了。因为兴趣，儿子第一时间就把所有的内容读了一遍，再去打游戏很快就通关了。由此，他意识到读书可以解决游戏问题,他说:"游戏是人编写的,我能从书中得到答案干吗还玩游戏呢!"从此他很少玩游戏了。正应了"得道"的创始人罗振宇所讲的一句话,"人生一切难题,知识给你答案"。

公司同事曾讲述过发生在他女儿身上的一件事,对我触动很大。2020年春节期间,因为疫情孩子全部在家上网课,她女儿觉得闷在家里,实在是无聊,便让家长买把吉他。妈妈心里是有顾虑的,花了好几万让女儿从小学习舞蹈,也没学出个样来,上了初中后舞蹈彻底荒废了。但考虑到一把吉他也就六百元,索性也就给她买了。让人万万没有想到的是,女儿收到吉他后就迅速从网上找视频资料开始学习,几天下来就能弹出简单的曲子了,而且还边弹边唱,不亦乐乎。到现在也没花过一分钱给她请老师,她已经弹得很好了,在学校的演出中经常有她的个人弹唱秀。

同事回忆起来,也感慨颇多:家长还是不懂孩子,差一点就泯灭了孩子的兴趣。所以,对于孩子的兴趣,哪怕是一丁点小火苗,我们家长也不要轻易扼杀,相反要抓住时机放大、强化,提供尽可能多的支持与帮助,鼓励孩子。很难说哪个兴趣会开花结果,在未来闪闪发光。

为人父母,我们可能要做的不仅是教导孩子怎样去做,还要倾听孩子的想法——想怎样做,合理的便给予全力支持。儿子自幼儿园起一直对拼装特别感兴趣,从拼简单积木开始,一步步到汽车、飞机、房子,再到后来的上千种金属零部件的战舰等,只要儿子有需求,只要合理,我们都会给予满足。先不说这些爱好能带来多大的成绩,拼插对他专注力的培养、自信心的建立、克服困难的毅力的养成等的影响是显而易见的。所以,在此再次重申,兴趣的力量是无穷的,引导好了事半功倍,作为家长既要做好后勤保障,更要智慧地引领。

6
学会倾听，青春期没啥大不了

苏格拉底说过：上天赋予我们一个舌头，却给了我们一对耳朵，所以我们听到的话比我们说的话多两倍。我们倾听长者的教诲，可以感受到那份温暖；我们倾听朋友的诉说，可以感受到友谊的可贵。

倾听，不是一言不发的沉默，而是真切的尊重。对方有话向你倾诉，是对你信任。你若心不在焉，那只能令对方失望、失落；相反，你若悉心倾听，则会让对方收获情感的满足和人格的尊重，也会收获好人缘。

学会倾听，是一种难得的修养，也是生活的智慧。若心里只有自己，自然不会倾听别人说什么。倾听本来就是一个沟通交流的方式。我们在表达自己的时候，也应该为对方留有发声的余地，这便是智慧。

经常倾听，也是一种表达爱的方式。倾听是我们抚慰别人的最好方式。一个只有倾诉却没有倾听的家庭，必然缺少温馨与和谐。卡耐基说过这么一句话："一双灵巧的耳朵胜过十张能说会道的嘴巴。"如果你留心工作和生活，不难发现，那些人缘好、在事业上有所建树的人，可能并不一定多么幽默风趣，但都能静静地听身边人把话说完。

处于青春期的孩子尤其需要家长学会倾听。现实生活中，很多家长，特别是妈妈们，面对青春期的孩子总是一味地说教，这样会带来很多负面的影响，孩子会越来越抗拒与家长沟通。不交流就会有隐患，时间长了难免出状况，甚至会带来难以弥补的伤痛。在儿子成长过程中，我一直努力践行"学会倾听"这四个字，孩子青春期阶段得以平稳渡过，我想这是很大一部分原因。可千万别小看"学会"二字，真正做好这两个字还是需要十分用心的。

比如，当孩子在学校受委屈了，回来跟你诉说，尽量不要打断，不论他说什么你都站在孩子的角度想一想，当他哭泣的时候一定要抱抱他以示安慰，一定要让孩子感受到你站在他这一边，等他心情平复的时候再进行交流也不迟，其实好多事孩子发泄完了就好了。有时候可以抛出"你认为应该怎么做呢""你需要爸爸如何帮到你呢"之类的问题，孩子答着答着问题也就解决了，就这么简单。

成长需要领悟，遭遇比较大的打击时，孩子需要情感的发泄、疏通，给他这样的机会，甚至陪他大哭一场，都是值得的。

再如青春期早恋的问题，只要孩子愿意跟你说，一般都不会出大问题。我有的时候会跟儿子开玩笑说，"你觉得可以的话，把女朋友带家里来，妈妈给你们做好吃的。"这样的交谈轻松又愉快。其实绝大部分男孩不缺母爱不会早恋，绝大部分女孩子不缺父爱也不会早恋。这里又不得不提到本书的重点，那就是相信陪伴的力量。

　　学会倾听，能让孩子的心理变得更健康，同样也能让孩子的情绪更加稳定。这些年陪伴孩子的成长，我一直重视"倾听"这两个字。看似简单的两个字，蕴含着人生大道理。

7

成长路上没有失败

2020年12月31日，我和儿子做完核酸检测乘坐飞机前往陕西省西安市，开启了一次极为特别的研学之旅：到西安交通大学参加少年班的选拔考试。

西安交通大学是教育部直属的综合性研究型重点大学，由教育部与国家国防科技工业局共建，位列国家"双一流"，是国家"七五""八五"重点建设高校、国家"211工程"和"985工程"首批重点建设高校、中国人工智能教育联席会理事长单位、学位授权自主审核单位，中国三所开设少年班的高校之一。

可能有好多家长并不知道少年班，这里我简单介绍一下：少年班是针对早慧少年的一种特殊教育模式，中国大陆少年班的开设始于1978年，最开始中国多所高校都有招生，后来由于种种原因，仅剩中国科学技术大学、东南大学、西安交通大学这三所。西安交通大学是从1985年开始招收少年大学生的。少年班的目的是不拘一格选拔智力超常、德智体美劳全面发展、综合素质优秀的少年，实施创新教育与素质教育相结合的创新人才培养模式，培养未来能跻身于世界前沿科学研究和创新发明的卓越人才。

少年班享受"预科—本科—硕士"贯通式培养，用八年时间完成本该十年完成的学业。预科两年（第一年委托西安交通大学附属中学、苏州中学、南开中学、杭州高级中学培养，第二年开始在大学培养），本科四年，硕士两年，实行"预科＋基础通识＋宽口径专业＋创新能力"的培养模式。

通过少年班考核的学生，可以免去中考直接被录取为西安交通大学少年班大学生；在预科期间学习成绩合格者，可以免去高考直接进入本科阶段的学习，且根据预科阶段的学习成绩和综合考评选择专业；在本科学习期间达到学校相关管理规定要求和条件者，可以免去研究生入学考试，直接保送为硕士研究生（或长学制博士研究生）。

少年班考试分为笔试、体能测试、综合素质测试、面试。笔试涵盖数学、英语、文综（语文、历史、地理）、理综（物理、化学）；体能测试包括实心球、立定跳远和中长跑（男生1000米，女生800米）；综合素质测试主要考查心理健康与综合素质；面试主要考查人文素养、科学素养、心理素养等。

我们接触到少年班，大概是在初一下学期。那两年济南有几个特别优秀的同学被西安交通大学录取，有关这所学校的情况耳边经常有人提起，加之孩子曾去过这所学校，对这所学校也是心向往之。所以我们就在初二下学期开始做这方面的准备。我们重点学习了初中数学、物理与奥赛的相关知识，以及高中的一部分数学和物理，因为这两门科目所占的比重太大了，裸分会再乘以

1.5进行赋分。当然这一系列学习的前提是初中各科要学好，因为最后的退路是济南的中考。我们也是抱着试试看的态度，所以并没有太大压力，加上两手都要抓，因而在少年班考试的准备上还是明显不足，时间分配少，专项练习也不多。任何经历都是一笔财富，其实比起考试通过，我们更想通过这个考试来锻炼孩子的意志力，锤炼孩子迎接大考的稳定心态，当作中考前的一次大练兵。

值得一提的是，体育测试的备考孩子着实下了一些功夫。2020年冬季开始，孩子每晚8：50下了晚自习回到家，把书包放下就下楼围着小区跑两到三圈（每圈大概1000米），天气不好时就去地下车库跑。他居然坚持了近两个月。两个月下来，身体素质提高显著，真可谓一举两得。

31号和我们一同出发的，还有我的一位老朋友和他的儿子，他儿子也报考了少年班。在飞机上，我的这位有着多年教龄的朋友对两个孩子说了这样一番话，我至今记忆犹新："放松心态去迎接考试，如果最后没有被录取，只能说这扇大门向你们关闭了，但同时会有另外一所比西安交大还好的大学正张开怀抱迎接你们的到来，坏事会变好事，就像塞翁失马一样，世上通往大学的路很多，未来有无限可能等着你们。"这无疑是在给他们卸下包袱，让他们轻装上阵。

因为疫情，只允许孩子进入学校考试，家长只能在外面等待做好后勤服务，我的心情是忐忑的，既为孩子自豪，又充满担心。

三天的时间是短暂的，但对于孩子来说，这三天的经历完全可以写一本书。在这里，孩子体验到了不一样的心路历程，无论结果怎样，这次经历都是孩子人生中的宝贵财富。

我们也要利用好平时的考试机会，有时一次考试的提醒比我们平时说教百遍的效果都要好。记得儿子初三上学期时，数学老师跟我反映，说孩子在数学课上不注意听讲，经常做他自己的事情，作业有的时候也是敷衍了事，他担心长此以往孩子的成绩会受影响。其实我也发现了这个问题，在家里他经常拿着数学题相面似的看，不动笔去做，我也曾跟他聊过要脚踏实地，多做题、多练习，不能丢步骤分，但没什么效果。

于是我想了个办法，跟数学老师约定好，最近我们都不去说他，也不去提醒他，让他按照自己的方法来，让他主动去犯一次错误。我想，在初三上学期犯错，错误成本算低的，但如果在中考犯错，那将无法挽回。于是乎我们静观其变。期中考试他并没有失误，但在接下来的一次月考中他考了初中以来的最低分，他一下子意识到老师说的是对的，眼高手低，不系统地练习会吃亏。

从那以后孩子就转变了态度，走向了正轨。所以，要允许孩子犯错。只有自己发自内心地认知到学习的意义，看到自己的短板，才会唤醒自我，重塑自我。孩子成长路上没有失败，人生就是在不断的历练中丰盈起来的，没有一帆风顺的成功，我们要引导孩子勇敢地从挫折中站起来，直面人生中的各种挑战。

第二章
意到笔随天然成——这些年我和孩子的创作

文字是公平的,有力量的,也是有灵魂的,你只要开始,一定会有意想不到的收获。

1
孩子慢慢走，爸爸也成长

郦波老师的《曾国藩家训》我不光反复阅读，在现实生活中还有意识地把很多心得"知行合一"地运用，经过多次整理，终于内化于心外化于行，也有机会走进社区、学校分享给家长们。对于这些活动，我乐此不疲。我曾在一些场合，如家长沙龙、家教会议中进行演说，向家长朋友讲述曾国藩是如何从一个笨小孩成长为一代大儒，成为晚清四大名臣之首的；系统地讲述读书不仅可以修身，还可以拓展思路，增长智慧，润泽生命，更可以自省；讲述研学过程的准备功课、设计路线、研学装备、注意事项，以及亲身体验的快乐……希望能够影响更多的家长喜欢上读书、研学，陪伴孩子共同成长。

因为儿子中小学阶段我都在校家委会主持工作，所以这些年接触到了很多优秀的家长，从他们那里学到了很多家庭教育理论和实践经验，也会参加区家庭教育中心组织的各种学习活动，以及代表校家委会参加一些主题会议,当然就有机会结识更多志同道合的家长一起为家校合育贡献力量。我组织并开展了一系列家校联合活动,吸引了越来越多的家长参与,共同读书,以书会友。通过带动,让附近的居民也感受到了读书的乐趣和力量。

身教胜于言教。为了给孩子起到表率作用,我一有空闲便会择书而读。文字对每个人都很公平,对任何人都不歧视,都同等呵护和慰藉。清代学者张潮曾说过:"少年读书,如隙中窥月;中年读书,如庭中望月;老年读书,如台上玩月。皆以阅历之浅深,为所得之浅深耳。"读书,让人明事理,知荣辱。看天文地理,让我们明白生命的伟大和个体的渺小;看哲学宗教,让我们加深对自己信仰体系和善恶观念的理解;看文学历史,能锤炼我们的审美观、洞察力和责任感……开卷有益,读书之乐盖莫大焉!

"腹有诗书气自华",能够享受读书之乐的人通常都是可爱的。即便老,即便相貌平平,也往往因文雅睿智、谈吐挥洒、有胸襟有气度而让人亲近。"知于天地外,意在有无中",最完整最纯粹的幸福,尽在书中。

除了阅读,我也写东西,记录日常,书写读书感受。相信 20 世纪 80 年代左右出生的一代人肯定与我有同感,尽管贫困但幸福满溢。2015 的中秋节我送给了儿子一份特殊的礼物,让孩子在当今时代也能感受到我们小时候的节日氛围。我写了一篇文章,发表在了"齐鲁青未了"网站上。原文如下:

难忘的中秋节记忆

时光如箭,日月如梭,如今的我就要步入不惑之年了。从刚毕业时的小伙子，一晃已经在美丽的泉城济南打拼十六年了，在这里成了家，并有了一个帅气可爱的儿子。我的父母和弟弟一家也于六年前从生我养我的美丽的小兴安岭脚下的呼兰河畔搬迁至此。又是一年中秋节，儿子一天天长大，四年级的他，不知有什么样的中秋记忆？今年的中秋之夜又会怎样度过呢？

记得我读小学四年级的时候，父母从早到晚忙生意，平时很少有时间管我和弟弟，通过辛苦打拼，我们一家四口终于住进了四间砖瓦房，有花园，有庭院，还有菜园子，简直可以与当下的别墅相媲美。从那以后我们家的经济条件逐渐好起来了。

那时中秋节下午学校放假，我和弟弟就在家做作业。因为有期待，所以作业写得很马虎，盼着爸爸妈妈早点从镇上回来带给我们"惊喜"。

中秋这天爸爸一般都会提前打烊早回家，并买上一大堆好吃的。记忆当中每个中秋，爸爸都会买回来一大袋紫红色的熟透了的葡萄。

> 当我的紫葡萄化为深秋的露水，
> 当我的鲜花依偎在别人的情怀，
> 我依然固执地用凝霜的枯藤，
> 在凄凉的大地上写下"相信未来"。

也许就是这紫葡萄潜移默化地让我相信未来，促我成长。

除了葡萄，爸爸还会买回来一条鲜活的大鲤鱼。我们先把大鲤鱼放到盆里养一会儿，我和弟弟看大鲤鱼在盆里翻滚。然后清洗葡萄，美美地大吃、特吃上好一阵。那个时候能吃上葡萄是比较奢侈的。经常是发现葡萄已经不多了，才意识到爸妈还没吃呢！

妈妈呢？在厨房里大忙特忙，煎、炒、烹、炸。爸爸则帮妈妈择菜，杀鱼。此时家里热气腾腾，其乐融融，一派祥和的景象。

中秋之夜在皎洁的月光照耀下，显得很温馨。晚饭后，我们一大帮小伙伴要出去玩了，踏着明亮的月光玩起了声势浩大的"公安抓小偷"游戏。有月亮姐姐的陪伴，我们不再害怕，一直玩到很晚，直到家人叫我们，才依依不舍地回家。

记忆中绝大多数中秋节都是这样快乐度过的，只有一年例外。那是我小学毕业那年。我右腿膝关节侧面长了一块增生的骨头，有好几年了，一直也没在意，但那年发现它大了很多，爸妈意识到必须要彻底检查一下了。县医院建议我们去哈尔滨的大医院治疗。当时的我很紧张，生怕是什么大病。爸爸呢，更是着急和担心，去哈尔滨的路上看得出爸爸内心十分焦虑。那是我第一次到大城市，但是因为看病来的，什么心情也没有，只觉得这个城市人多、车多、楼多。到了那儿爸爸又是托人又是花钱，终于住进医院了。彼时已经是九月份了，初中已经开学，这次手术注定要耽误课业了！

手术很顺利，最终的检验结果也没什么大的问题，一家人这才放下心来。接下来就是术后恢复了。前十天在病床上，我是不能动的，不能下床，吃、喝、拉、撒都在床上，需要人照顾。是妈妈精心照顾了我半个多月，帮我翻身、端屎、端尿，在妈妈无微不至的照料下，我慢慢地恢复。看着窗外一天天变大、变圆、变亮的月亮，我是多么盼望早日回家啊！爸妈为了我急得上火，累瘦了好多，也憔悴了好多。这半个多月来，我深深感受到了父母如山似水的爱。无论生病、贫穷还是健康、富有，父母永远是这个世界上最爱自己的人。

出院回到家那天，正好是中秋，舅舅推着自行车到火车站接我们。一路上有明亮的月亮陪伴，它是那么大那么圆，一直跟着我们，似乎在迎接我康复归来，让人觉得那么温暖。呼吸着小兴安岭脚下深秋的空气，觉得是那么顺畅、新鲜；这里的味道绝非大城市可比。回到阔别已久的家，闻着院子里飘来的花香，感到十分温馨与幸福。

那次大病，耽搁了一个月的初一课程。但凭借着刻苦努力的学习，期中考试我居然考了全班第二名，也许这就是家的鼓励和爱的力量！

那次中秋节，每每回想起来，都觉得美好、温馨，让我坚强。

三年前，我突发奇想，以后中秋节这天为爸爸妈妈庆贺生日，因为老两口的生日都是中秋节前后。全家人都赞同这个想法。

这几年每到中秋节，孩子们都特别开心，因为会有一个大大的蛋糕。孩子们会给爷爷奶奶戴上生日帽，扮演中秋之夜的特邀主持人，给他们送祝福并给他们敬酒；我们给爸爸妈妈送红包；他们许愿、吹蜡烛、切蛋糕，开心、幸福溢于言表。

岁月催人老，长江后浪推前浪，一代新人换旧人，真希望时间的脚步慢下来，我们大家都停留在童年的美好时光里。但那是不可能的。光阴的逝去，让我们更加懂得珍惜当下是多么重要。小时候从来不知道人有一天会离开这个世界，随着长大，我们会面临很多现实问题，面对生、老、病、死。

珍惜每次团聚，希望每个夜晚都是中秋夜，也真心祝愿每个家庭"家和万事兴"。

2015年9月22日

除了《难忘的中秋节记忆》，我还发表过《小袁的故事》等一系列文章，它们均是我发自内心的感悟。文字是很有力量的，是有灵魂的，只要去触发，它一定会给人意想不到的智慧和启迪，能让我们总结过往、评说现在、展望未来；能让我们从逆境中走出来，再次出发；能让我们思考人生的真谛和人生的价值所在，不断触动我们灵魂的深处。

还有一个关键的成长收获，那就是对于工作事业的提升。在这么多年陪伴孩子成长的过程中，我跟随孩子有了第二次成长，读了那么多的书，行了那么多的路，这些原来是无法想象的，特别是在人际交往、演讲、见识、见闻等方面有了很大提升，同时也培养了我对各种事情的包容心，能够更好地调整自我。总的来说，不仅没影响事业的发展，反而对事业的发展有很大的帮助，同时也促使我对自己有更加清醒的认识，找到了除工作事业外的第二大热爱，并且孜孜以求。

2
这些事，激发孩子创作的兴趣

我们说读书最终要有个出口，就像呼吸一样，吸气后要呼出，读书是吸气的过程，那么呼出有怎样的表现形式呢？除了我们前面讲到的读书会，还有一种出口，那就是写。下面是儿子的几个写作故事。

战争带来的启示："东73"——游戏的改变者

儿子特别喜欢人物传记和战争方面的书籍和有关战争的纪录片，对于这方面的研究和思考从未间断，其热爱程度从他写的周记或者文章中可见一斑。

"东73"——游戏的改变者

1990年伊拉克公然吞并科威特，全世界一片哗然。以美国为首的联合国军决定制裁伊拉克，制裁以萨达姆·侯赛因为首的伊拉克政府，于是展开了代号为"东73"的军事行动。

1991年2月，行动开始。伊拉克方面早就知道了此次行动，于是做好了充分的防御准备，调来了最强大的军队准备迎敌。美国方面则调动了几百辆坦克去进攻。

伊拉克认为美军一定会从大陆上过来，所以只向大陆布防，他们并不知道美国坦克已装备了全球定位系统GPS，从沙漠中穿过来不成问题。战争开始了，果不其然，美军从沙漠中打来，打了伊拉克个措手不及，很多坦克在调整炮塔时就被炸毁了。

另外几支伊拉克军队还未反击，刚刚发现美军就被消灭，之所以出现这种情况，原因在于一场沙尘暴与突袭战术的完美结合。在两军相遇时，刮起了非常厉害的沙尘暴，使能见度变得特别低，但美军的坦克有红外热成像仪，能通过热点发现伊军坦克，而伊军却如盲人一般，只能被动挨打。而且，美军在此次战争中运用了二战时德军名将隆美尔在北非发明的突袭战术，直接与伊军近距离交锋，再加上美军的M1A1坦克火力强，机动性强，比伊军使用的苏联制造的T69坦克不知好多少倍，基本上就是冲上去几炮就解决问题。而伊军中的大部分人认为打仗就是火拼，不怕死地冲就会打退敌军。

这场战斗不到一天就打完了，结果让人触目惊心，伊军死伤上千人，数百辆坦克被毁，而美军仅死亡一人，一辆坦克被毁。这场战争不仅为伊拉克，更为全世界上了一课，让人们认清了现代战争的本质——技术远比拼命重要，落后就会被淘汰。

2019年10月

《三体》读后感

孩子读了好多遍《三体》，《星球大战》的书和影片也是时常细细咀嚼。在科幻题材的书籍和影片的冲浪中碰撞出了不少作品，《星球大战之机器人大战》就是其中一个，长达万余字，后来发表在了网络上。下面是他当时写下的《三体》读后感。

《三体》读后感

《三体》的作者是刘慈欣，这本书获得了国际科幻最高奖：雨果奖。

首先，我们对科幻作品有很多误解。有一次，语文老师让我们写作文，写出对未来的展望。下课后，同学们七嘴八舌地讨论起来了。

老班长说："我就写外星人入侵地球吧！"

另一名同学说："我想写3044年的飞车、700层的高楼和火星基地……"我想，这大概就是多数人对科幻作品的认识吧。但科幻作品并不只是这样的，它没有那么多天马行空，它更多的是对未来的展望，对人性的思考，对社会的评论，当然只是从侧面反映。

《三体》这部小说分三部。

第一部充满了对人性的思考，从女主人公叶文洁小时候讲起，她看着父亲因散布一些物理学的重要基础、宇宙起源等"反动理论"而被打死，母亲因此而想报复世界，于是向一个活在三个太阳下的文明发了通告，于是三体文明来进攻了。

第二本书讲了因三体文明用智子封锁了物理学，所以科技无法发展,全球大乱……但一场大灾荒后,人类文明又发展了,有了太空舰队以抵抗入侵。然而让一个三体文明的探测器给弄得全军覆灭。这本书又提出了一个新的理论——黑暗森林,说宇宙中没有和平,只有死神永生。

第三本书是对前两本书主题的升华,讲了地球文明和三体文明在争斗中全部灭亡了。但又有人逃出了,在宇宙更深处,多个维度生存下去。

第三本书已经脱离了时间、空间的界线,最终揭示了主旨。

《三体》内容曲折,想象力奇特,很有创造力,不光在文学上,在科技方面对人类也很有启发,有对绝对和平的否认,对和平和人性思考也有很深的体现。

《盗墓笔记》引发的创作和寻找"地宫"

小学四年级的时候儿子曾被一套《盗墓笔记》所吸引,每天都花好多时间阅读,之后写了大概两万字的小小说《迷失的宝藏》。

写得怎么样不说,这至少证明了他在思考,在输出。我通读下来的理解就是,他心中一直在做着一个发财的梦,因为现实中无法实现,所以他用文字塑造了一个世界,把他的所思所想都装了进去。

不光写,他还要我带他去寻找地宫。后来在去孟子故里研学回来的路上终于如愿,去了他从书中看来的山东仅剩的一个保存完好的地宫:邹城明鲁王墓。探秘的同时,切切实实受了一回教育。

尊重孩子天马行空的想象,看似离奇,但其实,孩子在探索中对问题的追问是一种优秀的学习品质,我们应该鼓励。

"空难调查"的启发——预言波音737MAX停飞

儿子特别喜欢看有关空难调查的纪录片,还买了《未了的传奇》等相关书籍,可以说对这方面的喜爱已经达到了痴迷的地步。他曾预言波音737MAX会停飞,之后果真应验,着实让我们惊讶了好久。

上月印度尼西亚狮子航空公司的JT610次航班发生空难,机上189人全部遇难,是一场轰动世界的大事。飞机在雅加达起飞后不久便坠机,由于坠入海中,所以给搜寻带来了一定困难。但到了这周驾驶舱话音记录器(CVR)与飞行记录器(FDR)已经找到,事故的大体原因也已调查清楚。这架飞机的机型为波音737MAX,这种机型是波音公司推出的新机型,据FDR的记录,飞机在爬升至2000米时几度下降,飞行员极力拉升,最终飞机失速坠毁。据调查,下降指令是由自动驾驶系统发出的,而这一指令是由一个新的尾翼保护系统造成的。在前一天,另一架飞机也出现了这种情况,飞行员关闭了自动驾驶才避免了悲剧的发生。

这令人想起了另一桩事故——土耳其航空1951号航班因为自动驾驶仪错误地处理了高度,导致飞机提前进入降落模式,在距跑道50米处坠机,10人遇难。这架飞机的机型为波音737-800,当时这种机型也同样刚进入航空业,而且都是下降导致的坠毁,这起事故最终被认定为设计原因导致的空难。紧接着狮航与波音闹翻并取消了220亿美元的订单。

看到从济南飞往广州的航班信息中,有一架波音

737MAX8 的身影，只要花上一千元就可以乘坐，我非常害怕……

737MAX 会不会因为设计问题而停飞？让我们拭目以待……

2019 年 3 月 12 日

这一周在学校有些无聊，但放眼世界，却有一件惊天大事发生。一架埃塞俄比亚航空的波音 737MAX8 型飞机起飞不久后坠毁。这让人不禁想起了去年 10 月印度尼西亚狮航的一场空难。最近，调查人员已经找到了埃航的 FDR，把读取出的数据与去年狮航的一比对，发现惊人的相似！都是同一个系统出现问题，导致飞机的自动驾驶仪控制飞机下降。而这时，驾驶员肯定要拉升飞机，这样就成了"人机大战"……去年的事故其实已经暴露了 737MAX8 的设计缺陷，所以这一场事故一发生，多国就立刻停飞了波音 737MAX8。

我们来看被怀疑的系统——失速保护系统，该系统在飞机失速时，能将机头下压，是从失速状态中改出的一个系统。这个系统有两个特点：一个是顽固性，只要系统认定飞机失速就会下压机头，即使飞行员向上拉升也不会有任何反应；另一个是隐蔽性，想要关闭这个系统极为困难，需要好多烦琐的操作才能将其关闭。估计当初波音设计人员认为这个系统失效是个小概率事件，所以未重视这个问题。说实话，从多年的航空业发展总结的经验来讲，自动化程度越高，飞行员的可操作范围就越小，甚至飞行多年的飞行员也难以弄清如此复杂的自动化仪器。况且人和电脑谁更可靠，仍是一个问题。

虽然现今的飞机都向着自动化发展，但是有可能适得其反，在埃航的飞机上，飞行员有可能都搞不清楚发生了什么。

现在几乎可以确认，飞机设计有问题，但波音没查出什么，FAA 也没下禁飞令，所以此时下结论还太早，唯愿 150 名死者安息！

（注：中国 3 月 15 日宣布停飞所有波音 737MAX 飞机。）

"最强大脑"引发的思考——生而无畏，战至终章

七年级的时候儿子喜欢看江苏卫视的《最强大脑》，他十分着迷，期期没落，回放也没少看，还写了下面的文章。

生而无畏，战至终章

人生就像一个赛场，你有无数的对手，但是不用去挑战所有的对手，你可以选择。与对手过招，如果赢了有可能你会有无限的荣耀，一生值得炫耀的资本。但如果输了，你就会被淘汰，只能找寻下一个机会重返赛场。

在无数人中，我只能算是个普通人，不能像有些人一样，在赛场中轻松取胜。有很多对手不是特别强，较容易战胜，对于我这种普通人，这些较弱的对手无疑是最好的选择，但是战胜了他们，你仍然是个普通人，你得到的荣耀也不会很多。我想到这儿，走到了赛场旁，一个人在角落里哭了起来：难道有的人注定就是普通的吗？

这时，我突然看见角落里刻着一行字："生而无畏，战至终章。"我想：人生苦短，还是拼一次吧，畏惧什么呢？战到最后一

兵一卒，最后一章，才是真正的战士！于是我擦干眼泪向赛场中心走去。裁判问："你想好你的对手了吗？"我回答："想好了，我要选1号对手。"在场的人，不管是对手还是挑战者都发出了一声惊呼，有人议论我是不是疯了，是不是说错了。裁判又问了一次："你确定吗？1号对手是连续几百年公认难度第一的，而你只是一个普通人，你再好好想想。"我回答："我明白，就是他了。"

我就是这样，纵使我再平凡再普通，我也要选择最强的对手，即便战到最后一兵一卒也不放弃，我不甘于凡。我现在正年轻，有无限可能，有无限希望。人只能年轻一次，有一句话说得好，"人不轻狂枉少年"。那我就如言，轻狂一次吧！即便失败了被淘汰了，我也会在那不显眼的墙角不留任何遗憾地刻下那八个字："生而无畏，战至终章。"

读尼采带来的思辨

看尼采的哲学书也会引发孩子的思考。

不枉此生

印　记

我们所有人，基本上可以说是所有人，从小到大整天被人说："你要好好学习，考上好的高中，再考上好的大学，然后找个好的工作，最后挣很多的钱，过上好的生活。"这种观念在很多人心中，特别是在当今社会，可谓根深蒂固。还记得以前看过一篇文章，说有记者问偏远山区的牧童，问他放羊干什么。他回答说："放羊为了娶媳妇。"记者于是又问他："娶媳妇干啥？"牧童答道："为了生娃。"再问："生娃干啥？"他回答："为了放羊……"很多人觉得这有点落后，太没有远见了，但是这跟我们整天说的"考上好大学、找个好工作"又有什么区别？不过是更体面一些，伪装得更深些。

无　　知

我以前特别无知，那种无知其实不能说是天真无邪，只能说是见得少，眼界太窄。我曾经以为身边的东西就是全世界。有时我从电视上看到不同国家的不同的建筑、不同的景色、不同的民俗风情，我会把济南市中的某地某物与它们一一对应，然后再看见时会说："哦，那是天安门，这是伦敦塔，旁边是法国的埃菲尔铁塔。"但后来才发现原来还有另外的好多个世界。

远　　方

看了我以前的无知，你应该会觉得我真的特别无知，因为你知道天安门在北京，伦敦塔在英国，埃菲尔铁塔在法国巴黎。但是你真的就因此而不无知了吗？你也许潜意识里会认为那里的一切都跟这里一样有同样的事物，只不过多个门多个塔。这不又是一种无知吗？你不看看，也许真就以为眼前的就是全世界。从书中、从电视上看来的，远远不够，人活一生不容易，你就真想"考个好大学，再找个好工作"就结束了吗？你应该走不同的路，世界很大，真值得一看，等你看了另外的世界，也许你就会想：原来自己心中根深蒂固的东西、你认为的全世界，不过如此……

再见，七年级

七年级结束的时候，正赶上他参加活动，所以没能参加班级合影，而初二又重新分班了，之前同学再无集体合影的机会，很是遗憾。他写了一篇文章以作纪念。

再见，七年级

转眼间，七年级的时光已经过去了。这是我中学时代的第一年，也是我在六中度过的第一个年头。

不可否认，照片上没有我的身影是我这学年的一大遗憾。但我想说，这一年中，除了这一次，我不曾缺席。

回首这一年，我心中有太多的不舍，太多的怀恋。现在多么怀念大家一起坐在七年级一班的教室里上课的时光啊！但时光终究一去不复返……

虽然说七年级一班可能不是最好的，但在我心中，我绝对遇不到比这更好的七年级一班。

考前其实很多人，包括我自己，给我的意见是你没必要再学下去了。但是，我还是想证明，其实我们班的实力还是很强的。

老师们、同学们，我心中有对你们说不完的话语。感谢班长，虽然我一直不服管，但还是要感谢你，一直努力为大家营造良好的环境。现在想想，你在黑板上写"600字检讨"的那一刻，很美好。如果可以回到当时，我一定会写，即使6000字、60000字我也愿意。感谢田小姐，我的目标和榜样，是你让我学到了很多很多，一年来我一直在追赶，即使从未达到。我曾经羡慕你、嫉妒你，但我最感谢的人，还是你。

感谢徐老师，是您陪伴我们一年，一天都没有缺席。您每天对我们的付出是最多的，也是最辛苦的。我承认，我曾经讨厌过您，甚至骂过您，但现在我想说，您是我所遇见的最好的老师，感恩有您相伴。

感谢王老师，我从您不是那么高大的身材里，看到了无穷的力量，感谢您让我知道，原来我还是有潜力的。

感谢翟老师，是您在紧张的期末复习中，让我们放松，给我们减压，让我在期末考试中，调整好了心态。我要感谢的人实在太多了，在这里无法一一言说。

最后我想对大家说，路还很长，大家加油，希望我们还能在彼岸再见！再见，七年级一班，下次再会！

其他创作

孩子小的时候都喜欢在桌上、纸上，甚至墙上写啊画啊，这是孩子的天性，一定要积极引导，不要扼杀。小的时候我家有个卧室，留出一面墙专门让孩子写写画画。如果嫌脏乱，我建议买白板贴在墙上供孩子使用。儿子从小就愿意写写画画，尽管画得不是特别好，但我们坚持让他自由地画，他看到的、想到的都可以用画的方式来展现。孩子的每一次创作都是独一无二的，创作时的专注和用心是一种优秀的品质。

从书中的世界、研学中的世界、心中所想（也有幻想）的世界出发，用书画、手工制作的方式来表达自己内心的想法和思考。多年来他创作了数量众多的作品，手工制作纸飞机（演示纸飞机想怎么飞就怎么飞的神奇）、拼装巡洋舰、《三体》星球构思、《星球大战》机器人、登月计划、木星探索、火星登陆、机场设计平面图、坦克战斗集群、黑洞、死星设计图等，呈现出了一个孩子的多维度认知与思考，也充分展示了他的想象力和创造力。

后记：回望来路，轻舟已过万重山

到这里整本书就结束了，作为草根写作的我，通过写作、整理素材，着实收获不小，特别是在逻辑思维能力方面，但更多的是通过总结有了更深的理解和认知，可以更好地督促自己努力前行。

陪伴孩子一路走来，我发现孩子成长的同时，我也迎来了人生第二次成长的机会。因为相信，所以看到。我希望更多的爸爸能参与到陪伴孩子成长的过程中来。心理学家格尔迪说："父亲是一种独特的存在，对培养孩子有一种特别的力量。"生命成长是段美好的旅程，父亲不能缺席，无论多忙，都可以通过一定的方式表达自己的爱。爱可以给孩子安全感、幸福感，影响孩子的一生。这本书从有想法到开始动笔再到成形，用了整整十个月的时间，感谢一路走来帮助我的家人、朋友，是你们的支持给了我坚持的力量。

宁静的夜晚站在窗台眺望远方，突然有种轻舟已过万重山的轻松，瞬间感觉自己在许多层面有了很大的提升。

最后用我特别喜欢的一首诗歌作为结束，与诸位共勉。

相信未来

当蜘蛛网无情地查封了我的炉台,当灰烬的余烟叹息着贫困的悲哀

我依然固执地铺平失望的灰烬,用美丽的雪花写下:相信未来

当我的紫葡萄化为深秋的露水,当我的鲜花依偎在别人的情怀

我依然固执地用凝霜的枯藤,在凄凉的大地上写下:相信未来

我要用手指那涌向天边的排浪,我要用手掌那托住太阳的大海

摇曳着曙光那枝温暖漂亮的笔杆,用孩子的笔体写下:相信未来

我之所以坚定地相信未来,是我相信未来人们的眼睛

她有拨开历史风尘的睫毛,她有看透岁月篇章的瞳孔

不管人们对于我们腐烂的皮肉、那些迷途的惆怅、失败的苦痛

是寄予感动的热泪、深切的同情

还是给以轻蔑的微笑、辛辣的嘲讽

我坚信人们对于我们的脊骨

那无数次的探索、迷途、失败和成功

一定会给予热情、客观、公正的评定

是的,我焦急地等待着他们的评定

朋友,坚定地相信未来吧

相信不屈不挠的努力

相信战胜死亡的年轻

相信未来、热爱生命

做一个好父亲,把时间更多地放在孩子身上;

做一个好父亲,全心全意爱孩子的妈妈;

做一个好父亲,以事业的成功激发孩子的奋进。

我越来越觉得:世界不在别处,就在与孩子情感交融的一刻。和孩子在一起,让每一天都不辜负为人父母的天职。

附：孩子的阅读书单

幼儿阶段读过的书

☆经典畅销书

《青蛙弗洛格成长故事》系列

《神奇校车》系列

《不一样的卡梅拉》系列

《蓝精灵》系列

《托马斯和他的朋友们》系列

漫画《父与子》

☆迪士尼经典动画电影故事

《赛车总动员》《冰雪奇缘》《海底总动员》《小熊维尼历险记》《小鹿斑比》《水孩子》《木偶奇遇记》《骑鹅旅行记》《小鹿斑比》《淘气包马小跳》

☆ **沈石溪动物小说系列**

☆ **国际大奖小说系列**

《橡树上的逃亡》《天使雕像》《人间有晴天》《威斯汀游戏》《电话里的童话》《狗来了》《最后一块拼图》《动物大逃亡》《呐喊红宝石》……

七岁（二年级）以后读过的书

☆ **综合类**

《十万个为什么》《世界未解之谜》《地球奥秘大百科》《探索发现大百科》《少年儿童百科全书》《尼采的哲学思想》《假如给我三天光明》《城南旧事》《红星照耀中国》《这就是非洲》《呼兰河传》《人生》

☆ **人物历史类**

《明朝那些事儿》《荣宝斋》《"救时宰相"于谦》《岳飞传》《恰同学少年》《华罗庚传》《杨振宁传》《楚亡》《大秦帝国》《大金帝国》《苏东坡传》《明成祖朱棣传》《知行合一王阳明》《曾国藩传》《郦波评说曾国藩家训》《宋氏三姐妹》《徐霞客游记》《抗倭英雄戚继光》《袁崇焕传》《成吉思汗全传》《英雄项羽》《恰同学少年》《刘邦》《胡雪岩全传》《唐太宗李世民》《黄袍加身赵匡胤》《隋唐演义》《钱学森传》《华罗庚传》《三国演义》《西游记》《水浒传》《三国志》《五百年来王阳明》《风雨张居正》《易中天品三国》《李白》《李清照》

☆ 天文类

《太空之眼》《遥望星空》《时间简史》《与万物对话：霍金传》《2001太空漫游》《流浪地球》《星际远征》《地外生命探索之旅》

☆ 科幻悬疑类

《宇宙简史》《深瞳》《伤心者》《上帝掷骰子吗》《三体》《黑暗森林》《死神永生》《星球大战》《鬼吹灯》《盗墓笔记》

☆ 生物科学类

《昆虫记》《细菌世界历险记》《物理之书》《上帝掷骰子吗》《WHAT IF》《万物解释者》《未了的传奇》《动物王国》《揭秘物理》《揭秘数学》《揭秘太空》

☆ 外国文学

《希特勒传》《老人与海》《百万英镑》《贝多芬传》《居里夫人》《小王子》《洛克菲勒自传》《王子与贫儿》《林肯传》《拿破仑传》《摆渡人》《妈妈的银行账户》《一九八四》《安妮日记》《福尔摩斯探案集》《了不起的盖茨比》《解忧杂货铺》《一千零一夜》《麦田里的守望者》《悲惨的世界》《佐贺的超级阿嬷》《海底两万里》《我是未来：尼古拉·特斯拉传》《追风筝的人》《伽利略》《荒野求生》《伊索寓言全集》《闪击英雄：古德里安将军战争回忆录》

☆ 战争与航天航空

《怒江之战》《第二次世界大战》《中途岛大海战》《西线无战事》《空难调查》

☆ 小说及其他

《活着再见》《南极北极》《搭车去柏林》《平凡的世界》

看过的电影和纪录片

☆漫威系列影片

《钢铁侠》《复仇者联盟》《蜘蛛侠》

☆科幻类经典影片

《星际穿越》《环太平洋》《变形金刚》《星球大战》《流浪地球》

☆励志影片

《中国机长》《奇迹男孩》《肖申克的救赎》《摔跤吧！爸爸》《银河补习班》《风雨哈佛路》……

☆纪录片

《空难调查》《伟大的卫国战争》《伊拉克战争》《第二次世界大战》……